„Corona und Coronis"

ISBN 9783752606379

Herstellung und Verlag BOD – Books on Demand, Norderstedt.

**Umschlaggestaltung/Cover und Bilder:
Eva Maria Shire (www.soulspiritart)**

Einführung

Es gibt wohl kaum ein Tier, dessen Mythologie und Symbolik in den verschiedenen Teilen der Welt so einheitlich ist!

Schon im antiken Griechenland wurde die Raupe des Schmetterlings als „Wurm", die Imagines aber als „Psyche" bezeichnet,

Durch die Seele wird nun die Psyche geläutert und so auch die ureigene, oft neue Lebendigkeit vorbereitet. Die menschliche Seele wird hier als Schmetterling dargestellt

Die wundersame Wandlung vom „Raupenwurm" zum fliegenden Wesen, bei dem sich alle Zellen der ehemaligen Raupe vollständig transformieren und als neues Wesen zusammenfügen, ist eine der unglaublichsten Leistungen der Natur. Dieses Wunder, findet dies in zahlreichen Mythen und Bräuchen Erwähnung, wo die Auffassung bestand, die Seele eines Träumers würde sich als Schmetterling erheben. Auch auf vielen Gräbern sind Schmetterlinge als Symbol der Transformation und Wiedergeburt verewigt.

Begegnet Dir auch der Schmetterling im Traum, so bereitet er dich darauf vor, dass deine Seele dich in einen grundlegenden Wandlungsprozess lenkt oder dieser unmittelbar bevorsteht. Er ist eine aufmerksamkeitserheischende Brücke, die keine hoffnungslose Katastrophe signalisiert, sondern helfen will, diese Brücke, als angstfreie Bewusstwerdung bzw. Wende aufzuzeigen.

Schmetterlinge hatten auch bei Schamanen immer eine spirituelle Bedeutung als Krafttier. Als „Krafttier", in der Verwandlung vom leblosen Kokon zum bunten Falter, erleben ihn viele Menschen als Sinnbild der Leichtigkeit, Transformation, Freude. Der Schmetterling wirkt hier, wie eine energiegeladene psychische Batterie.

Der Schmetterling zeigt sich auch oft, wenn die Zeit der Vorbereitung, des Wartens, des Ausharrens und der Prüfung vorbei ist und der Mensch in neue seelische Anlagen oder Möglichkeiten, die ihm jetzt offen stehen, quasi hineinwächst.

Dabei gilt es, alte Muster und Strukturen zu durchbrechen und sich der anstehenden Verwandlung vertrauensvoll hinzugeben. Wenn uns ein Schmetterling im Traum begegnet, heißt das, dass wir geschehen lassen sollen, was geschehen muss. Der Schmetterling möchte uns Freude, Leichtigkeit und Verspieltheit schenken, daher sollten wir loslassen von alten, schweren belastenden Einstellungen und Situationen, die uns bisher nach unten gezogen haben und dass wir da einen Schlussstrich ziehen sollen, unter alles alte, belastende - und ein unbeschwertes, leichtes Leben mit weiten bereichernden Horizonten vor uns liegt.

Wenn man es mit diesen Augen anschaut, wird in diesem Zusammenhang auch bewusst, wie viel wir von den Schmetterlingen, besonders im Zusammenhang mit dem grassierenden pandemischen Coronavirus, lernen können.

Es ist augenscheinlich, dass die Raupe das eigentliche Fressstadium des Schmetterlings ist. Es tönt auf den ersten Blick ein wenig abwertend, aber bei näherer Betrachtung wird der Zusammenhang dann doch klar:

In apokalyptischer Weise lebt die Menschheit heute auch in einem suchtartigen konsumierenden Überfluss, der nur noch Natur verschlingt und schädigt. Da ist keine Achtsamkeit mehr, für Natur und Verbundenheit, mit anderen Menschen. Raffsüchtiges Leben könnte man es auch nennen, wo ein Coronavirus uns wohl jetzt dazu zwingt, endlich aufzuwachen und nachzudenken, über uns selber und dem Umgang mit der Natur, wo Fließgleichgewichte in einer Erhaltergesellschaft erschaffen werden sollten.

So besinnt sich symbolisch der Schmetterling, dankbar über das was er als Raupe erlebt und durchmachen musste. Der Lebensabschnitt war für ihn für die weitere Lernentwicklung und Erfahrung notwendig. So wie der Schmetterling durch das Stadium der Raupe gehen muss, haben auch wir auf unserem Weg zum Homo sapiens ähnlich schwere Entwicklungsstadien durchzumachen und Hindernisse zu überwinden.

3

Doch noch weitere Dinge lehrt uns der Coronavirus, zusammen mit der Entwicklung, von der Raupe zum Schmetterling:

Finde heraus, wer du wirklich als einzigartiger Schmetterling im Sinne deine Seele sein sollst. Der zukünftige Schmetterling hat dazu eine geniale Methode entwickelt. Er verpuppt sich und lässt sich Zeit, zu dem heran zu wachsen, was er wirklich ist. Er geht in die Stille und Einsamkeit, für seine „entlarvende" Selbstentdeckung, wenn auch gezwungen.
Einfach Ruhe und Stille um ihn herum, kein Lärm, keine Hektik, kein Stress. So findet auch die Raupe, auf dem Weg zum Schmetterling, zu sich selber. So lehrt uns der Schmetterling als Symbol, wie wir selber zum Schmetterling werden können, indem wir unser altes Leben hinter uns lassen, stolz darauf seiend, was wir an Abenteuern erleben durften, auch indem wir aufspüren, welche Glaubensmuster uns noch von unserer wirklichen Einzigartigkeit trennen. Dazu zwingt uns eben besonders auch der sogenannte „Coronavirus", wenn wir dies verweigern.

All diese Zusammenhänge sollen in dem Gleichnis von der Raupe „Scintilla", ihrer Seele „Coronis" und dem Virus „Corona" im Folgenden verdeutlicht werden!

Sein Traum

Du wirst geträumt! - Er träumt sich in Dir!
Alles was du tust, soll sein, seine sinn- „volle"
Traumtat, deshalb träume immer Erhebendes.
Sein Sinn wird Wirklichkeit, in deinen Anlagen
und Möglichkeiten.
Träume sind Bilder, auch Du bist ein Bild.
Du bist sein verdichtetes Ebenbild,
Symbol, Hülle und Formkontur für seinen Sinn,
der sich im Körper erfährt!
Was den Samen des Geistes empfängt ist die
unbefleckte Empfängnis.
Du meinst Gebärende(r) zu sein?
Doch „Er" – der Weltengeist ist es, der dich gebar.

Die Raupe „Corona"

Es versammelten und vermehrten sich einmal ungeheuer viele Raupen im Blattwerk und Geäst, eines großen Baumes. Immer mehr versuchten hoch zu kriechen, zu den wirklich großen Blättern, an den großen Ästen nahe dem Licht, die vermeintlich reiche Nahrung versprachen, besser als die kleineren Blätter, von den kleineren Ästen unten am Stamm!

Es war ein Vorgang, der sich ständig wiederholte

Es war ein Gedränge und ein Kampf um die besten Plätze und jeder wollte sich hoch kämpfen und schubste und verdrängte, um möglichst viel zu fressen und zu besitzen. Diejenigen, die aber schon oben waren, wollten von der reichhaltigen Nahrung nichts hergeben und stießen auch die hungernden Nachdrängenden immer wieder zurück.

Gleichzeitig bildeten sie viele eigenständige Raupenvölker, die sich gegenseitig bekämpften, um für sich alleine die begehrte Nahrung zu bekommen!

Aber mehr und mehr wurden auch da die Blattreserven knapp, auch weil sie nicht so schnell nachwachsen konnten bzw. ihre Vermehrung sich explosionsartig ausweitete. So begannen sie sich dann auch oft gegenseitig zu bekämpfen, umzubringen und auch aufzufressen.

So wurden die meisten Raupen überhaupt, von der benötigten Nahrung, ausgeschlossen, waren verzweifelt und resignierten entkräftet und hungernd, mehr oder weniger von den Brosamen der von den „Reichen" dort oben, als Almosen oder Brösel, herunter regnete.

Aber selbst die reichen Raupenvölker von dort oben, wurden vom dem Abwehrkampf selbst mehr und entkräftet und drohten mehr und mehr vom mehr und mehr verdorrenden Baum herunter zu stürzen, weil sie sich nicht mehr festhalten konnten. Denn ihr alleiniger Lebenssinn bestand darin zu fressen und zu konsumieren, als Lebensaufgabe.

Sie begriffen alle nicht, dass ihr Lebensbaum, mit seinen vielen grünen Blättern, von dem sie fraßen und ihnen ja Sauerstoff über diese, zum Leben gaben, selbst am Ende seiner Versorgungskapazität angelangt war und alsbald nicht mehr in der Lage sein würde, ihr Überleben mit dem Sauerstoff zu sichern.

Selbst an den kleinen Ästen weiter unten, waren die Knospen abgefressen und konnten keine weiteren Blätter mit Früchten produzieren, um sich zu erhalten.

Bei den Raupen aber war da keine Einsicht!

Es ging weiter, in vielen Kämpfen auf und ab und ab!

Gegeneinander rauften sie ständig um die reichsten Futterplätze und viele gaben, durch den überfordernden Stress, entkräftet auf oder starben nun an Erschöpfung am Fuße des Baumes!

Die ganze Sinnorientierung dieser Raupen lag nur darin, größer zu werden und immer mehr zu konsumieren an ihrem vermeintlichen einzigen Lebensraum, der ihnen Nahrung gab!

Sie unterlagen alle, wie hypnotisiert, der vernünftigen Übereinkunft ihrer gesellschaftlichen Moral, die sich mit gierigen Besitzansprüchen benahm, wie hungrige Mägen:

„Nimm, Nimm!", gurgelte es in diesen übervollen Mägen, die ihre Raffsucht pflegten, bis alle anderen Organe schließlich verhungerten oder dagegen protestieren und die habgierigen Mägen gar nicht registrieren wollten, dass sie damit ebenfalls zugrunde gehen.

All diesen Raupen an den großen Baum erschien nun mehr und mehr im Traum ihr Seelengeist, in der Form eines flatternden bunten Schmetterlings. Dieser forderte sie auf, ihre bisherige Form zu verlassen und sich in eine neue, in ihnen vorgesehene Existenz, mit größeren Freiheiten und Möglichkeiten, zu verwandeln und dafür sich eben zum Schmetterling zu entpuppen!

„Nein! – sagten aber viele, sich aus der Raupe entpuppen sollenden Schmetterlinge. Wir bestehen auf unserer Raupenfreiheit als Raupenrecht und ~Würde. Wir wollen das nicht, denn die anderen Raupen und meine Freunde könnten mich wegen meines Aussehens und meiner Fransen (Flügel!) missachten und ausstoßen bzw. auslachen!"

Das Bewusstsein und die Handlung der Raupe(n) blieben so in ihrer Vergangenheit, dem Altbekannten, in dem Festhalten einer Barbarei in der gewohnten Vergangenheit verhaftet. Sie erkannten die Notwendigkeit zu Bewusstseinsumkehr noch nicht"

Sie versuchten sich nun unter viel Stress, mit körperlicher Gewalt, ständig in ihren Raupenkörper bzw. Kokon hinein zu quetschen, das ein weiteres Entpuppen, bzw. neue Geburt noch verhinderte, während sie aber doch weiter in die neue Form wuchsen und dafür noch viel mehr Raum brauchten!

Irgendwann bemerkten sie, dass die Energie dazu nicht mehr reichte und das machte wütend und hilflos und die Anstrengung wurde verdoppelt! - Keine Einsicht war da, ihr Verhalten und Einstellungen nun hin, zum leichten transformierenden Wachstum, auch unter gegenseitigem „Mut machen", zu lenken!

Ihr Immunsystem war dadurch dabei so geschwächt, dass es nicht einmal durch Viren, besonders plötzlich, durch einen neuen ominösen Virus „Corona", mehr entgegenhalten konnte!

Um diese Misslichkeiten zu beenden, wandten sie sich zudem auch noch an ihre geistlichen Führer, die sie als Auserwählte Gottes lehren sollten, das Übel ihrer Krankheit, das sie einem kleinen, plötzlich auftauchenden Virus zuschrieben, in Verbindung mit Gott und dem Glauben und Hoffnung weg zu beten und so um „Vergebung für angebliche Sünden" zu bitten, um Heilung zu erlangen! - Aber es funktionierte einfach nicht und jene fielen dem Virus, auch noch zunehmend, in großer Zahl, selbst zum Opfer!

Sie erkannten alle nicht, dass jenes angeblich „Böse", insbesonders bei dem Allerortens aufkeimenden Coronavirus, wie ein Schatten ist, der einen wesentlichen Schlüssel als „unerkannte heilsame Kraft" in sich birgt, den man nicht finden kann, wenn man laufend im Hellen einer Laterne bzw. im Außen oder in konfessionellen Dogmen sucht, sondern dafür die Fragen über das Innere beantworten sollte:

Zu was fordern schmerzliche Situationen auf? - Wo ist zu wachsen?- Was macht krank? –Was schwächt? – und „worin besteht die wirkliche Absicht des Weltengeistes in meinem körperlichen- und gesellschaftlichen (Er~) Leben und dieser Erfahrung?"

Diese Raupen konnten ebenso keinen Mut und heilsame Kraft, über innere und äußere „Klärung" dieser Fragen und daraus resultierende zwingende sinnführende Einsichten, finden!

Schließlich hatten sich viele Raupen selbst zerquetscht, starben an Erschöpfung oder an ihren inneren Verletzungen und Infektionen, infolge mangelnder Entwicklungseinsicht!

Auch eine, mit Corona infizierte Raupe, namens „Scintilla" versuchte lange an Blätter zu kommen, aber sie schaffte es nicht. Umher gestoßen und verletzt gab sie, die Sinnlosigkeit des Kampfes einsehend, auf und beschloss in der Einsamkeit und Stille, nachzudenken, was zu helfen könnte und schlief dabei ein!

Im Traum erschien auch der kleinen Raupe nun ihr Seelengeist, im ihr noch befremdlichen Bildsymbol eines Schmetterlings, der ihr vorkam, wie eine Raupe mit Flügeln, die über ihr schwebte!

Dieser lächelte ihr Mut machend zu und ließ eine ungeahnte Zuversicht in ihr aufsteigen!

Die kleine Raupe „Corona", wurde von diesem Bild dieses, ihr noch unbekannten Schmetterlings, sehr berührt und sie beschloss, sich mit ihrem ganzen Gefühl auf das Bild dieses Schmetterlings einzulassen.

„Wer bist du"? - rief „Scintilla""

Ihr Lebensgeist blickte sie mit einer unendlichen Wärme in den Augen an und sprach zu ihr rätselhaft, aber klar und eindeutig:

"Wer ist hier "DU" - Du bist von mir weit weg gegangen, weil du dich und damit mich, nicht in Dir finden wolltest.

Ich aber bin jetzt aus dir herausgekommen, weil du mich innen nicht erkennen wolltest!"

„Wie bist du herausgekommen?" - entgegnete „Scintilla" verwirrt:

Die Schmetterlingsseele sagte lächelnd:

„Ich werde „Coronis", die Sonne deines Lebens genannt, die als göttliches Bild, in und mit dir, schwanger geht.

„Ich bin deine „Seelenflüsterin"! – Ich durchlichte deine Dunkelheit in deinem Leben. Ich möchte dir erzählen, von Wachstum und Verwandlung, auch durch Schmerz, durch Leid und der „Er – „Lösung" durch Erkenntnis. Ich erschaffe das Licht in dir, was deine Oberflächlichkeit niemals vermag.

Ich bin deine „Seelenflüsterin in Dir. Ich bin der bewegende Zündstoff, wenn alles in dir schweigt, wenn alles in dir stehenbleibt, um wie eingefroren, im Leid oder in Trägheit, in den dunklen Gemächern deines Raupenkokons zu verharren.

Ich rufe dann von innen zu:

„Wachse, wachse." immer weiter, über dich selbst hinaus, fordere dich auf, Neuland zu betreten, Landschaften, wo du noch niemals zuvor warst.

Ich bin dein Wegbereiter und lenke weise deine Schritte dorthin.

In der Enge deiner Begrenztheit bricht diese Tür zu mir jetzt auf.

Ich möchte dich krönen, zur Königin deines Wachstumsweges - des Königinweges „Coronis", wo du mit mir, als ein Schmetterling „Eins" als ein „Gottesleuchten" wirst und werden sollst!

Ich bin durch dich, als ein vollkommenes Bild des Schöpfers, das ‚ES` von dir hat, als „Scintilla", – „Göttlicher Funke" genannt, hindurch gekommen. Das heißt, dass ich durch die Tür gekommen bin, damit du mich endlich sehen und das Feuer für deine wahre Lebenssonne, als zukünftige „Coronis" erkennen kannst!

Ich, als deine Seele, bin die die größte Vision, das Bild des Göttlichen, sein vermittelnder „Sinnfluencer", mit deinen offenstehenden Möglichkeiten und Erfahrungen.

Ich bin ein Samen des Großen Geistes, die „Unbefleckte Empfängnis" und du Scintilla bist es, als mein Kleid, als mein Ausdruck einer Form der Körperlichkeit, als sein „Walk IN", als seine Idee, sein Bildwerk, über mich, auf einer Heldenreise. Du meinst die Schöpferin deines Lebens zu sein, doch der „Große Geist" ist es, der dich gebar. Er ist in dir und nicht nur außen. Es kann nichts eins mit Ihm sein, ohne „Er" zu sein.

Ich, als deine Seele, weiß bereits alles, was du wissen musst, über alle Anlagen und Möglichkeiten, die dir offen stehen und über deine Körperlichkeit in unterschiedlichsten Facetten erfahren werden wollen. Du dienst meiner Erfahrung und du bist immer mit mir verbunden und es kann nichts geschehen ohne meinen Willen.
Es zeigt sich dir aber immer mehr oder weniger deutlich auch in den Grenzen von persönlichen Entscheidungen, in unpässlichen Situationen oder eben auch zum Beispiel in Krankheiten, oder gerade in dem, was nicht funktioniert.

Ein „Getrennt sein" von mir ist unmöglich, genauso wie es unmöglich ist, dass ich mich, als deine Seele, vom Göttlichen trennen könnte und dein Leben besteht, eben als Heldenreise, zu mir, auf eben diesem Weg der Erfahrung.

Wenn diese Klarheit in deiner vorgegebenen Ausdrucksform, als Raupe, schon zu Anfang bestünde, bedarf es keiner Heldenreise der Erfahrung, mit den unterschiedlichsten Erfahrungsmöglichkeiten. Es wäre langweilig und du wärest lebend tot. Alles wäre Stillstand und Grabesruhe!

So stehe ich und du in ständigem Wechselspiel zueinander. Je bewusster du da über mich selbst wirst, desto mehr Klarheit bekommst du in deiner schöpferischen Ruhe, über dein Leben.

Dazu bedarf es der zunehmenden Aufgabe des kleinen „Raupen-Ichs" zu mir hin. Grenzen und Mauern lösen sich über dieses nun zu erweiternde Bewusstsein in dir auf und wo früher für dich Berge von Hindernissen waren, zeigen sich dann nur Maulwurfshügel. Ein neuer Grad von Freiheit für dich ist dann erreicht!

Im Außen willst oder konntest du mich ja noch nicht sehen, wo ich mich, zudem noch über eine neue erfüllende Körperlichkeit, dir jetzt mehr und mehr zeigen wollte!"

„Wenn du aber durch die Tür gekommen bist, wie kannst du dann durch mich selber kommen?", - schrie „Corona" entnervt"!

„Indem du die Tür selber wurdest!" – sagte die Seelenfee.

„Die Frage aller Fragen gilt der inneren Tür!"

Aber zweifelnd rief die Raupe ihrem Lebensgeist nun zu:

Warum konntest du das als göttlicher Gesandter zulassen, all mein Leid, meine Schmerzen. Warum lässt du es zu, dass ich fast keine Luft mehr bekomme und sich mein geliebter Körper so immens verunstaltet und vor Entzündungsschmerzen und Schwäche sterben will!

„Ich habe dich nicht verunstaltet"!

- sagte ihr Schmetterlingstraum – die Seelenflüsterin!

Du selbst richtest dich mit deinem Blick und Festhalten, an deiner Vergangenheit, deiner überholten Lebenssituationen als Raupe zugrunde. Du selbst starrst, wie viele andere Raupenbrüder, in die „Schlacke" deiner überholten Existenzform als Raupe, anstatt jenen neuen körperlichen Tempel zuzulassen, über den ich mich da, als „Schmetterling"- als eine personifizierte Energieform, als Symbol, des Großen Geistes, zeige!

Was mich da so betroffen macht ist, dass ihr euren hilflosen Geistlichen und Führern da noch folgt, die selbst die Wandlung zum Schmetterling verweigern und wie so oft, wieder nichts anderes zu tun haben, als eben einen Gesundheitsgebetssturm gegen eure angeblichen Sünden, für eure überholte Existenz, als Raupe zu beten, der gar nichts nützen wird.

Aber als angeblicher Mittler zwischen dem göttlichen Geist und euch können sie nicht die Frage beantworten:

Wie konnte Gott das zulassen, in seiner Allmacht und wie sollen sie es ändern! - und hier kommen sicherlich gleich wieder die Argumente: „Unerforschlicher Ratschluss und Gottes Prüfung, wegen Sünde!"

Ich glaube, dass das Gebet im Verhältnis zu Gott von euch missinterpretiert wird. Denn ihr betet immer für eine Relativierung von dem was ihr selbst als Raupen. doch selbst erzeugt habt, mit euren Einstellungen bzw. Denken, Handeln und Fühlen.

Das alles tut ihr aber gegen den Willen des Weltengeistes, der euch etwas neues Erhebendes und Unbegrenzteres schenken und aus euch Neues erschaffen möchte!

Aber der Allumfassende Geist, hat doch schon auf euer bewusstes oder unbewusstes Erschaffenes geantwortet. Euer Gebet ist immer erhört. Ihr habt es doch im Einverständnis mit ihm als Leid und Schmerz erschaffen und wer kann es also ändern: „Ihr selbst!" Wenn ihr also erst euch ändert, ändert sich auch die Welt!

So bin ich, als eine göttlich gesandte personifizierte Energieform – ein „Symbol" - doch nicht euer Feind, sondern der Große Geist, möchte euch doch etwas über mich bewusst machen, über eure Krankheiten, die ihr, neben der Aufforderung zur Fortentwicklung zum Schmetterling, da jetzt noch einem gefräßigen vernichtenden Virus zuschreibt.

Aber dieser spiegelt euch nur, was ihr am Baume eures Raupenlebens selbst macht und unter euch selbst, mit eurer Killerwelle eurer Bewusstseinshabsucht, anrichtet:

Fressen und Ausbeuten ohne Sinn und wirklicher Lebendigkeit!

Dieser Virus „Corona" ist doch der Höhepunkt eures selbst erzeugten „Giftschleims", den ihr über euer selbstzerstörerisches Denken, Handeln und Fühlen, quasi als „psychischen Eiter" erzeugt habt. Ihr selbst habt ihn abgesondert und in die Welt gebracht bzw. geboren, wo sich dieser Eiterhauch, aus eurem stinkenden Mist, wie aus einem Augiasstall als Virus manifestiert hat. Ist das nicht wie bei euren Verstorbenen genauso, wenn sie! – wenn sie nach einiger Zeit beginnen, „Leichengift" abzusondern?

Ja! – damit sind viele von euch schon im Raupenleben tot! – jegliche Entwicklung verweigernd!

Der Virus und eure entwicklungshemmenden Krankheiten, entstehen doch nur durch euren fehlgeleiteten Bewusstseinsblick, der über eure Führer mit eurem selbstzerstörerischem Verhalten als Vorbild dient und auf materielles Wachstums, um jeden Preis trimmt, um durch äußeres Ansehen, auch durch die Abhängigkeit von materiellem Besitz und Fresssucht, mehr Beachtung und Selbstwert zu bekommen, da es in ihrem und eurem Inneren daran mangelt!

Je mehr sie kaputtmachen, desto stolzer wurden sie, desto mehr brüsteten sie sich innerlich und äußerlich. Von ihren Brüdern werden sie gefürchtet. Weil sie gefürchtet sind, sind sie angesehen und bekommen fragwürdigen Respekt, der sie wiederum noch größer macht - und ihre willenlosen Anhänger halfen diese Macht noch mehr auszuspielen.

Euer Selbstbewusstsein gründet aber so auf Angst und Hochmut!

Selbstwertgefühl hingegen gründet auf Zuversicht, Vertrauen und Glauben an sich selbst in seinem Leben, mit Hohem Mut und Respekt vor sich selbst und anderen, also auch auf Verbundenheit!

Macht, die aber ausschließlich egozentriert angewendet wird, stellt eine Minderwertigkeit dar, die Bedürftigkeiten und innere Leere stillen muss, durch Raff- und Herrschsucht. Aber das erzeugt auf Dauer immer Zug und Druck und löst Angst zwischen euch aus. Sie fürchten sich voreinander und das ist die wirkliche „Hölle"

Dies erzeugt noch mehr Machtausübung zur Aufrechterhaltung von Kontrolle. Die Aufrechterhaltung dieses Zustands kostet immer mehr Energie, was zwangsläufig irgendwann zum Zusammenbruch von künstlich gesteckten Grenzen kommen muss!

Jemand, der eine bestimmte Position, mit raffgierigem Besitztum also benötigt, um sich mächtig zu fühlen, fühlt sich oder ist in Wirklichkeit „IMPOTENT"!

Wirkliche Macht aber, ist ein Element von einer inneren Autorität, die von Macht nicht mehr abhängig ist. Sie benötigt auch keinen Charakter, sondern sie ist eine Persönlichkeit, die Fähigkeiten beinhaltet, in angemessenem Austausch und Verbundenheit, sich zum Wohle eures Lebensnetzes einzubringen.

Wirkliche Macht erkennt:

„Ich Bin" ein Teil der Schöpfung, aber alles andere auch. „Ich Bin" nicht mehr, aber auch nicht weniger, wie alles was ist." und diese Grenze heißt: Respekt. D.h. sie erkennt auch Grenzen der eigenen Möglichkeiten und ist sich dessen bewusst und da kann jemand durchaus andere vor Schaden bewahren, wenn er Macht ausübt.

So bekämpft ihr ständig diesen Virus als Symptom, obwohl es doch euer „enemy mine" – euer geliebter Feind ist und euch nur zwingend die Ursachen aufzeigen will, die in eurer destruktiven Bewusstseinshaltung einer ausschließlich materiell ausgerichteten Wertehierarchie liegt, mit der ihr auch euren Lebensraum zerstört!

Schon euer gefeierter Meister, in seiner vormaligen Raupenform – der aber wusste, dass sie in die Auferstehung eines wundervollen Schmetterlings münden sollte, mit weiterem unbegrenzten Horizont, wies euch darauf hin, indem er sagte:

„Liebet eure Feinde! - Wenn dich einer auf die rechte Wange schlägt, so halte ihm auch die linke hin"!

Die rechte Wange symbolisiert die Aufnahme deiner schmerzlichen Situationsverdichtung. Du erleidest etwas bzw. wurdest angeblich gequält, wirst dadurch krank.

Auf der körperlichen alltäglichen Ebene kannst du natürlich durch gewisse (medizinische~) Anstrengungen „Stop" sagen.

Dann aber gilt es die „erkenntnisfähige" intuitive linke Wange hinzuhalten und mit Durchblick die Botschaft zu erfassen:

„Danke für die schmerzliche Information. Ich weiß was sie mir sagen wollte und bin bereit, mein Leben im Sinne der Botschaft zu ändern und zu wachsen. Ich weiß jetzt was erforderlich ist. Ich kenne jetzt das dahinter stehende Thema".

Er würde jene also nicht so persönlich empfindlich beleidigend anklagen, die ihm ja als „enemy mine(s)" zu seinem Wachstum durch ihr Verhalten verhelfen!

Was würde also der Virus „Corona" zu euch sagen, der ja auch nur sich zeigt, weil ihr euch so geschwächt habt, durch das sich selbst zerstörende zwanghafte „Hineinquetschen" in einen alten Raupenkörper, der du und die anderen nicht mehr bist!

Höre diesem Virus doch einmal zu, der da als „geliebter Feind" sprechen könnte. Welche Botschaft will ER euch von außen übermitteln, da ihr sie aus eurem Inneren, wo ich in jedem von euch wohne, nicht hören wollt:

E ist doch vermeintlich die Kraft, die vermeintlich das „Böse" will und doch das „Gute", durch schmerzliche Einsicht, verursachen möchte!

Corona – Geliebter Feind

Scintilla vernahm jetzt eine bedrohliche Stimme, die irgendwo aus dem Tiefen ihres Traumes hallte:

Seht und erkennt! -Ich bin das von euch herbeigerufene „Coronavirus" - – Ich bin ein reinigender Gewittersturm!"

„Ich bin eine notwendige Korrekturaufforderung eurer eingeschränkten Bewusstseinshaltungen, welche euren Lebensraum missbraucht und aussaugt, wie Vampire.
Dessen sollt ihr euch, durch meine schmerzlichen Situationsverdichtungen, endlich bewusst werden. Alarmsignale in Form von fortschreitenden Katastrophen jeglicher Art, habt ihr bisher verkannt und ignoriert. Geht in euch und arbeitet dem Leben in einer neuen göttlichen Ordnung, für ein fruchtbareres eingebettetes Fließgleichgewicht, nicht mehr entgegen!

Füllt eure Lungen nicht mehr mit dem tödlichen Atem eines Vampirlebens, als lebende Tote, sondern mit brennender Lebendigkeit, die eine Verbundenheit mit dem verwobenen Lebensnetz der Schöpfung wieder herstellt".

„Liebet mich als euren „enemy mine"! - Denn ich bin ein Werkzeug eures Schicksals, das dich und alle anderen Raupen zur Entwicklung und Transformation in ein neues Leben zwingt!

„Warum passiert das und wozu dient es und zu was fordert es dich auf! - ansonsten nützt kein Gebet, das da eigentlich lautet:

„Oh Herr"! - Befreie uns von unserer Misslichkeit, aber lasse unsere Fesseln, die krankmachende Lebensgewohnheiten oder den entwicklungshemmenden Starrsinn, so wie sie sind!"

Aber ich, der „Virusfeind", versuche eigentlich eine Bewusstwerdung zu erzeugen, um Sinnordnung und Verbundenheit in das eigene oder gesellschaftliche Leben zu bringen, vornehmlich auch damit innere „Gesundheits~ - Ordnung wieder herstellend. Ich musste es euch unbequem machen, damit ihr euch endlich dahin bewegt.
Also gilt es nicht darum einem Missstand nach den eigenen begrenzten Vorstellungen weg zu beten, sondern nur um Erkenntnis, diese Ereignisse in ihrer Be-„Deut"-ung", aus dem Nichterkennen, zu durchblicken, und euer Verhalten mit Verbundenheit darauf zu ändern. Dann erst geschehen mit dem göttlichen Willen heilende „Wunder", die aber wiederum alle verursacht haben. Dazu bräuchtet ihr aber keine konfessionellen Ritualbeamte, sondern eben eure Seelenflüsterer, die euch anleiten, dieses erfahrbar machen!

Wenn man sich nun mit mir, als Virus bzw. euren, damit verbundenen Krankheiten beschäftigt, so fällt immer auf, dass hier Gleichgewichte gestört sind - sowohl im individuellen als auch im gesellschaftlichen Bewusstseinsbereich.

Da gilt es diese Information – auch mich, als „Coronagiftschleim", als Symbolbotschaft zu durchschauen!

Welche eurer gesellschaftlichen Lebensumstände und einengenden Ansichten machen da krank bzw. vergiften euch da, machen euch dafür anfällig"? - heißt die heilbringende Frage"!

Ich bin doch nur der Spiegel von dem, was ihr selbst seid. Ihr bringt, mit Hilfe von eurem giftigsten Bewusstseinsschleim, die schwersten Seuchen gegenüber der Natur und euch selbst hervor:

So hattet ihr Raupen, als Wassertropfen im Meer, den göttlichen Ozean, nicht mehr fühlen und erfahren wollen, dass Gott das Meer, auch in euch ist, genauso wie in der Natur!

Ich wolltet alleine über eure Seelenkräfte und Gott und damit über die Schöpfung herrschen". Das ergab aber eine künstliche Trennwand:

„Zwei, Dualität, Zweiheit, Verzweiflung, Zwietracht" die ich, als der symbolische Teufel, in der Coronadarstellung, quasi als euer „unvollkommener Spiegel" darstelle!

Da geht es nun auch um die Lebensfrage, welche ihr jetzt auf sich selbst existentiell auf sich zurückgeworfen, erkennen sollt:

Ewiger oberflächlich gefräßiger und barbarischer egozentrierter Komfortraum oder neues erfülltes eigenbestimmtes erfüllendes Leben und Lebendigkeit, besonders in einer neuen Lebensform, die der große Weltengeist als „Höchste Version" seiner Schöpfung als Fließgleichgewicht beabsichtigt?

Als Botschafter des Weltengeistes, als „Dunkles Auge" des Großen Geistes, durch euch „Zauberlehrlinge" hervorgerufen, darf ich anmerken, dass ich nicht mehr zulassen darf, dass ihr euch rückwärts, mit eurem Bewusstsein, gewandt, in eure alten überholten Raupenstrukturen einquetscht, anstatt IHM, bei seiner neuen „Sinn"-Entwicklung als Raupe zu einem Schmetterling zu folgen.

Denn bei der Erschaffung eurer bisherigen Form war es ja schon „S"ein Sinnwille, euch in die Version eines Schmetterlings zu bringen!

„Er" ist es leid, wie ihr zudem noch mit eurem Lebensraum, der euch genährt und gedient hat, so zerstörerisch umgeht, sowie mit euren beschränkten Ansichten durch den ihr wie ein Strohhalm einseitig blickt, handelt, der dahinter nie die Weite und Größe seines göttlichen Bewusstseinsraumes mit seiner Schöpfung und Natur, sehen wolltet, der zu euch sprechen könnte:

„Ich Bin", die höchste und feurige Kraft, habe jedweden Funken von Leben entzündet. Ich, das feurige Leben göttlicher Wesenheit, zünde ihn über die Schönheiten der Fluren, ich leuchte in den Gewässern und brenne in Sonne, Mond und Sternen. Mit jedem Lufthauch, wie mit unsichtbarem Leben, das alles erhält, erwecke ich alles zum Leben." (Vgl. H.v. Bingen)

Es geht hier um eure Gier, Selbstsucht, Hass und Neid, Lügen – die eure Entwicklung zu wahren Freiheit eines Schmetterlings verhindert. So habt ihr überhaupt wenig Zeit für eure gegenseitige Verbundenheit und wirkliche Lebensqualität verwendet.

Eurem „Wesent"-lichen habt ihr da nie Beachtung geschenkt, auch eurer inneren Stimme, der Intuition, der Seelenflüsterin eurer Seele, die euch damit den Weg zur größeren Entfaltung zeigen wollte.

Trotz großer Fülle und Sattheit habt ihr euch gefräßig und überaus satt an jegliches neue Blatt geheftet, bloß um euren Mitbrüdern voraus und besser zu sein zu sein im Fressen und Horten, was euch vermeintlich mehr Anerkennung und Achtung geben sollte. Auch spielte da die verderbliche unnötige Angst vor Verlust und Mangel eine große Rolle.

Aber die wahre Selbstliebe zu euch und damit zum Göttlichen an sich, das keinen Mangel kennt, habt ihr vergessen. Ihr seid euch fremd geworden, Barbaren gleichsam, in eurer Oberflächlichkeit, und geistiger, stets steigender Wachstumsverweigerung ohne Verbundenheit miteinander, die jeglichen Respekt vor dem Nächsten vermissen ließ!

Ihr sollt nun verstehen, dass ich euren Lebenskurs mit eurem Bewusstsein verändern soll. Hier gilt es nicht mehr rückwärts schauend, sondern vorwärts blickend, das auch geschehen zu lassen, was der Weltengeist mit euch vor hat.

Das erst schenkt euch neue Lebendigkeit, wirkliche Gesundheit aus dem neuen Bewusstsein und weitere Horizonte, als Schmetterling, die ihr in der jetzigen Raupenform noch gar nicht erahnen und erfahren könnt!

Ihr werdet da auch erkennen, dass da genug für alle da ist und niemand darben muss, an der überaus köstlichen neuen Nahrung an Nektar, der schmackhafter als Blätter sein wird.

Das wird aber nur geschehen können, wenn ihr da, auch schon wieder den Spruch von Matthäus, des Jüngers eures auferstandenen „Schmetterlingshelden" Jeshua, zu Gemüte führt:

Was hälfe es euch, wenn ihr die ganze Welt gewännet und kämt aber um euer Leben? (n. Matthäus 16:26)

Prinzipiell betrifft das alle Raupen, besonders auch jene, die nicht nur an einem Chinabaum auf den amerikanischen – europäischen und asiatischen Bäumen wohnen, die sich in eine künstlich entworfene Vorstellungsform eines fehlgeleiteten Vorstellungsrahmens, freiwillig oder gezwungen, immer mehr hineingepresst, als Fress- und Konsumknechte, haben oder sind. Ihr habt euch darin solange beschnitten, bis ihr jetzt endgültig eures Lebensraumes bald zerfressen hättet, ohne zu registrieren, dass dieser auch einer sorgfältigen Pflege bedarf!

Alles ist aber miteinander verbunden und verwoben!

„Was ihr immer da deinem Bruder bzw. Schwester und Lebensraum habt getan, habt ihr auch dem Großen Geist, mit seiner Schöpfung getan"!

Die Vorstellung von der Erde, als einem lebendigen Organismus und einer Nährmutter und Formenspender für den Großen Weltengeist, steht immer als wichtigste Schranke vor euren Handlungen. Man ist doch auch nicht so ohne weiteres bereit, seine Mutter, als Formenspender für die eigene Existenz, zu erschlagen, oder ihren Körper zu verstümmeln.

So muss auch euer Lebensraum als lebendig und empfindsam gelten und es muss als Verletzung und Vergewaltigung durch euer begrenztes ethisches Verhalten, gegenüber dem Großen Geist angesehen werden, solche zerstörerische Handlungen gegen sie vorzunehmen.

Gerade also, durch aufkeimende Seuchen, wie durch mich, als Coronavirus, werdet ihr darauf hingewiesen, dass ihr eure Mutter nicht besitzen und beherrschen könnt, sondern ihre Regeln und damit die Schöpfung des Großen Geistes anerkennen und euch darin „einbetten" sollt!

Nur aber Emotionen und Empfindungseinstellungen echter Freude, Lebendigkeit und Fließgleichgewichte, in einer gepflegten Erhaltergesellschaft, mit Verbundenheit, in und zwischen euch, sowie mit eurem Lebensraum, lösen durch diese Erkenntnis letztendlich mich, als Pandemie auf, macht euch fürsorglich weich, erzeugt schwingende vertrauensvolle Verbundenheit unter euch, mit Nächstenliebe und Begegnungsrespekt.

Eine zerstörerische Killerwelle, wie ich es als Giftschleim bzw. „Corona" genannt werde, kann sich da gar nicht aufbauen bzw. als wahrgenommene Manifestation nicht schädigen. Ich bekomme dafür dann keine Energie, keine solche Resonanz zu euch.

Ich, als Botschafter des großen Geistes, antworte nur auf eure destruktiven Empfindungseinstellungen als Aufforderung zur auszugleichenden „Zahlungsaufforderung" im Sinne von:

„Ihr seid dem Leben etwas schuldig"!

„Alles ist in allem enthalten" und „spiegelt" sich gegenseitig!

Ihr Raupen seht vor allem, quasi im Spiegel im Äußeren, nun meine unglaubliche Verwilderung und krankmachende vernichtende Aggression, die dasselbe lediglich darstellt, was ihr an ungeahnter Fress- Zerstörungswut und Habsucht selbst in euch habt!

Ihr gebt mir damit, als „Coronadämon", nur die Nahrung, die meine Existenz nährt bzw. entstehen ließ, um euch, eure Barbarei gegen den Göttlichen Geist, eindringlich vor Augen zu rücken. Der Krieg gegen eure Brüder und der gesamten Natur und eurer Nahrungsbäume, hat es euch nun unerbittlich gezeigt, dass ihr eben noch Barbaren seid und zugleich, was für eine Zuchtrute für euch, durch mich, bereit liegt.

Die zerstörerische Einstellung jeder einzelnen Raupe von euch entspricht der Gesamtheit eurer Killergemeinschaft. Ihr hättet euch aber so nötig, in einer gesunderhaltenden und unterstützenden Erhaltergesellschaft und doch tötet und macht ihr euch zu Krüppeln. Euer Bewusstsein in dieser, nun apokalyptischen Zeit, hat euch zur Hast verdammt, jegliche Entwicklung verweigernd. Ihr hättet kein Zukünftiges und kein Vergangenes mehr, wenn ihr dem Geiste dieser Zeit weiter dient. Eure Zukunft ist alt und überholt. Ihr dient dieser Zeit und meint dem Geiste des Allumfassenden entgehen zu können, der aber Neues gebären will.

Aber ihr sperrt eure vorgesehene Geburt als Schmetterling in eine alte Käfighülle und hütet diese Raupenhüllen als eine Totengruft, in der ihr euch letztendlich selbst abwürgt, bzw. den notwendigen neuen frischen Sauerstoff, den Atem eines neuen „Lebensmanas", aus dem Inneren gar nicht mehr in eure Lungen lasst. Eure Raupenkörper schauen zurück und nicht für eine Gesundung nach vorne und verurteilen sich so selbst zum „eigen"-verantwortlichen" Tod, anstatt zu einem neuen lebendigen „Ver-‚Rückt' sein!"

Der göttliche Urgrund aber, säumt nicht länger und wird euch in das Mysterium einer höheren Entwicklung hineinzwingen.

Es hatte durch mich, Corona, dem angeblichen Teufel oder Luzifer, wenn du es so nennen willst, so schmerzlich werden müssen, um diesen anstehenden notwendigen Geburtsvorgang der „Neuwerdung" in dir und euch bewusst zu machen, um in einen Schmetterling verwandelt zu werden.

Dazu benötigt ihr, auch du Scintilla, den „Luzifer", besonders im extremen Nichterkennen, in Form von Corona, dein „Lux (~Licht) - fere" (tragen), deine LichtträgerIn, deine „ErleuchterIn", um zu deiner Einzigartigkeit und einer neuen Lebendigkeit zu kommen.

In dem Augenblick, wo du dich, liebe „Scintilla"", für dein Reifungspotential für den neuen „Keim" nun öffnen würdest, durch deine Bereitschaft, wachsen zu wollen, geschieht eben diese Verwandlung, quasi von einem Kind, in ein anzunehmendes Erwachsen werden, in eine Eigenverantwortung für dein Leben, das nicht nur spielt, sondern auch bewusster und erfüllter leben kann.

Da gilt es auch zu erkennen: „Nicht ich erschaffe mich selbst", sondern: „Ich geschehe und wachse auch in mir selbst!"

Siehe, dass also in jeglicher Entwicklung etwas Altes, sehr festgefügtes, erst zerbrechen bzw. sterben muss. Ohne Leid und Schmerz gibt es aber oft keine wirkliche Bewusstheit und kein Wachsen aus verdauter Erkenntnis und Erfahrung, die letztendlich zu eigener Weisheit und zu reicherem Erleben und Lebendigkeit führt.

Wäre dann jetzt die richtige heilsame Einstellung?

"Hurra! - Ich habe etwas verloren und stehe davor, etwas Neues, nicht Gekanntes zu bekommen, den Mut zum Erwachsenwerden, als Schmetterling, anstatt krampfhaft jammernd, jetzt der Raupe nachzutrauern.

Das wäre offen gelegte Minderwertigkeit und mangelndes Selbstwertgefühl ohnegleichen, deine eigenes Wachstum und Schöpferkraft für dein Leben leugnend!

Aber ich sage hier eindringlich: Ich oder das Göttliche bestrafen ja nicht, für (Erb~) Sünden, sondern ich bin eure eigene ungewandelte Kraft, die sich transformieren soll, in eine neue Existenz, bzw. Betrachtungsweisen, für eine übergreifendere Verbundenheit unter euch!

Du kannst dadurch danach, als Schmetterling in größeren Möglichkeiten mit weiterem Horizont und erfüllender Lebensqualität schwelgen, dadurch, dass du dich lieben gelernt hast, dass du dich eben deinen inneren Kräften zugewandt hast, mit einer neuen Wachstumsqualität für dich.

Du wirst dir dadurch ein Stück neues Selbstbewusstsein und Freiheit erarbeitet haben und in neuen Beziehungen lebendiger fühlen, wo du deine entfalteten Flügel jederzeit in einem neuen Wachstum spüren kannst. Du lebst dann nicht nur, sondern du kannst wirklich mehr „Lieben" und damit leben!

Meine Liebe ist so für dich, als dein Corona -„Luzifer", immer ein Wachstumsprogramm, das dich dir, im reifen Umgang mit deinen Lebenssituationen, näher bringen soll. Je nach Bewusstheit und Bereitschaft, diese in erforderlicher Weise durchblicken zu wollen oder auch nicht. Das kann so schmerzlich oder sehr angenehm ausfallen!

Eigentlich sind so diese 'Wachstumsermunterungen und Aufforderungen, über Krankheiten oder hier speziell mich, als euren gefürchteten Coronavirus, symbolisch, als eine Spezialrolle von Luzifer, dem gefürchteten „SchauspieldramatikerIN" zu sehen.

Ich bin eigentlich, wie „Coronis" – deine Seele, auch ein liebevollster „Sinnfluencer" für dich, sich als Virus Corona darstellend, der die unangenehme Aufgabe hier übernommen hat, dich und euch alle, schmerzlich über Irrungen und Wirrungen hinzuweisen und euch damit in ein neues sinnerfülltes Leben zu zwingen!

Ich bin also kein „gefallener sündiger Engel", sondern eine, in deine Welt „herabgestiegene", wirkende göttliche Kraft, für dich, die alles wandeln soll, was marode ist.

Hier „krame" ich nämlich dann aus meiner Repertoirekiste die eine oder andere „Inszenierung" in Form von Schicksal heraus und durchleuchte damit deine geistigen festgefahrenen Denk- und Einstellungsmuster, auch für alle anderen Raupen, die es „aufzubrechen", bzw. deine „Wahrnehmungs-und Einstellungspforten" zu reinigen gilt, um sich klarer im Spiegel und in den Absichten des Großen Weltengeistes zu erkennen und zu finden.

Aber dies ist nicht unabdingbar, unvermeidlich erforderlich. Dies wird dann notwendig, wenn die Not so drückt, so eindeutig geworden ist und nichts mehr als nur die Not, die Verschlossenheit deiner inneren Augen da ist. Dann muss es zur Wende kommen! – d.h. die Not wird sozusagen noch etwas "liebevoll" intensiviert, dass der ganze Prozess abgekürzt und beschleunigt wird. Die Intensivierung einer Not und Leidempfindung hat so nichts mit Strafe des Schicksals oder mit mir zu tun, das euch Raupen „Böses" will, sondern, was ihr euch sich selber antut.

Da muss ein LehrerIN bzw. ich, aus Liebe zu seiner SchülerIN, auch mal als gnadenlose Mahnerin, „Rufer aus der Wüste" bzw. hier auch als Virusdämon auftreten, um ihnen den eigenen Kraft- und Lebensquell, wieder für ihre Lebendigkeit zu öffnen!

So diente meine Maßnahme der schmerzlichen Erschöpfung und Krankheit, meiner Liebe zu dir, Scintilla, dich quasi erst mal „stillzulegen", ganz einfach der Abkürzung eines Lernprozesses, um möglichst frühzeitig und kurzzeitig das Herbeiführen einer positiven Veränderung in dir, zu deiner geistigen Geburt zu einer reiferen Schmetterlingspersönlichkeit zu beschleunigen. Sie zwingt dich auch weiter an dir zu arbeiten und stets zu wachsen.

In der Natur bzw. Schöpfung des Großen Geistes gibt es und geschieht nichts „Sinnloses oder Zufälliges"! – auch nicht mich, als ein pandemischer Virus. Alles ist aufeinander bezogen und versucht ständig Fließgleichgewichte zu schaffen und neue daraus zu entwickeln, in folgendem Sinne:

Viren, wie ich – „Corona"- sind eine materialisierte Form eurer eigenen lebensverneinenden Einstellungen und Lebensweisen. Es sind die globalen Lehrer eurer Psyche, im Auftrag der Seele, des „Großen Geistes, der sich da quasi „liebevoll aufdrängt" und zu Umkehr auffordert!

Es sind die Stolpersteine, die euch zum Nachdenken oder zur geistigen Erneuerung zwingen sollen. Wann achtet ihr uns endlich für unsere Lernimpulse, anstatt sie nur mit ständig neuen Antibiotika (antibios = gegen das Leben) bekämpfen zu lassen?

Das Alles geschieht nur, damit du bzw. ihr jetzt in den Genuss der angenehmen Erfahrung, im Sinne einer Weiterentwicklung kommen könnt. Denn Lernen und Wachsen muss nämlich nicht zwingend mit Schmerz und Leid oder einer persönlichen Katastrophe, sprich „grundsätzliche Wende", durch eine Not in Verbindung stehen.

Ich bin da, als dein geliebter Feind für dich da, um dich aufmerksam zu machen, und dir zu geben, was du als Wachstum brauchst - eben auch als „Viren – Krankheit"!

Du meinst Gebärende(r) deiner Welt zu sein – doch der „Große Geist" ist es, der dich in Liebe gebar.

Er ist in dir und nicht nur außen. Es kann nichts eins mit Ihm sein, ohne „Er" zu sein.

Zweifel ist dabei nicht Einheit mit Ihm, aber das Erkennen, das daraus in Einklang mit ihm erfolgt! - denn Sein Auge ist zu „licht", um „Dunkles " zu sehen!

Nur ungewandelte, blockierte Kraft verwüstet, vergiftet, zerstört. Meine Kräfte sind und erscheinen nur zerstörerisch, wenn sie nicht am angemessenen Platze sind. So gibt es auch nichts Böses! - Es gibt nur noch nicht erkannte Aufgabe und Sinn. Das „Böse", das du in mir, als Corona, siehst und erfährst, ist wie ein Stau deines Lebensflusses, der wieder fließen will.

Ihr seid so im Herzen erstarrte und gestaute Wesen und ich schrecke euch auf, damit ihr endlich fliegt!

„ER" sendet mich also in Liebe, damit ihr sehend werdet und erkennt: „ Verglichen mit dem Leben, das jetzt durch euch kommen möchte, ist das jetzige „Tot". Nimm mich also, das „Böse", auf und verwandle es in Fließendes, durch Selbsterkenntnis!

„Du bist immer in Gottes Liebe eingebettet! – und deshalb auch in deiner Seele immer „Gottvoll", die sich dir gerade jetzt, als Seelenflüsterin „Coronis" offenbaren will!

Jetzt, am Ende meiner Ausführungen, hast du sicherlich auch den Begriff der Liebe voll erfasst:

Ist dir schon einmal aufgefallen, dass im Wörtchen „Evolution" – der Begriff „Liebe" versteckt enthalten ist?

„EVOL"ution = „Love"!

Liebe ist immer der Stoff des Allumfassenden Geistgefäßes, das alles zusammenhält und ins Fließgleichgewicht bringen will. Liebe beinhaltet immer die Thematik einer „Evolution", sprich Entwicklung zur größtmöglichen Verbundenheit mit Dir und der äußeren Welt.

Dieses Wachstum und die damit verbundene Bewusstwerdung, ermöglichen es erst, mehr und mehr, Verbundenheit, mit Respekt im Äußeren, vor und mit dem Nächsten zu praktizieren.

Denn Liebe selbst hat zu tun, mit deinen Brüdern und Situationen, denen du begegnest, die dir auch immer deine Themen von außen, präsentieren, die du brauchst, um zu dir hin zu wachsen und aufzuerstehen, zu deiner wunderbaren Einzigartigkeit!

„Liebe" enthält augenscheinlich also immer auch soziales Leben und emphatische Fähigkeiten ohne die Mauern von Angst!

Liebe Scintilla: **L(I)ebe also mit Hingabe!**

Liebevolle Hingabe heißt dabei vielmehr erst mal, sich über das ernsthafte Erforschen seines Inneren, mehr und mehr so zu werden, wie Gott dich einge- „Bild"- et hat!

Dazu musst du einiges loswerden, was da, als Raupenkokon, das Werden des Schmetterlings behindert. In diese Richtung beginnt dann der Weg, voll glückseliger Erfahrung und Freiheit, in deinem neuen Schmetterlingsleben, in dem es keine Mauern von Angst und Mangel mehr gibt, sondern ein Brennen für dein neues Leben!

Wandlung und Transformation

Jetzt vernahm Scintilla wieder die liebevolle Stimme ihrer Seele, im Bild des Schmetterlings Coronis:

„Hallo „Scintilla"! – Auf dem Weg zu deinem ganz persönlichen Schmetterlingsglück will ich, Coronis, dir jetzt deine ganz persönliche Botschaft für dein Leben und deine Gesundheit mitgeben.

„Ein höheres bewussteres Wesen soll durch mein Bild des Schmetterlings geboren werden und zur erfahrenden Lebendigkeit erwachen. Es ist ein Sterben in ein neues Leben.
Es soll leben, als dein neues Sein, am anderen Ufer. Aber dieses neue Sein am anderen Ufer hat mit dem was es zurückgelassen hat, nichts mehr gemein. Es wird ersetzt durch: „Dein Wille geschehe" und „Ich lasse seine Realität durch mich fließen und gestalte sie"! – Das wäre doch eigentlich wirklicher Gottesdienst!

„It`s Time to say Good Bye" - heißt doch das schon bekannte Lied d.h. es ist Zeit „Lebewohl" zum absterbenden Raupendasein zu sagen.

Generell gilt das für jeden von uns, zu all dem, was dich an deine Vergangenheit erinnert oder bindet, eine klare Zäsur zu machen - Bis hier her und nicht weiter!

Hier ist das „Stopp" - das Ende, der vermeintliche Abgrund!

Bis jetzt strebtest du die Dinge allein, mit deinem begrenzten Willen an und nun bist du am Ende, der ein neuer Anfang sein soll! Was ist sozusagen deine Brücke? – Was kann dich über den Abgrund bzw. in das Schmetterlingsbewusstsein hinbringen, damit du akzeptierst, bereits mit seinem neuen Bewusstsein am anderen Ufer zu sein und auch dort anzukommen?

Es ist Vertrauen, ein Brennen für das neue Leben mit verbindender erwartungsfroher „Vorfreude".

Stirb! - Sei bereit, jetzt zu sterben, in eine neue Zukunft, die dich noch näher zu dir bringt. Als Geburtserleichterung geht es letztendlich immer wieder um diese Erkenntnis: „Gott ist in mir und ich bin göttlich" und ich bin geliebt von ihm!

Lass es in dir wirken und als eine magisch-energetische Übung sehen, die deine Geburt erleichtert. Fühle dich weit und behutsam atmend in dieses Neue ein und benütze hier in diesem Zusammenhang vielleicht auch das gefühlte und gedachte Mantra:

„Ich Bin" dieses Neue – „Ich Bin" dieses Neue,
dieses neue Unbekannte, Unvorstellbare"

Fühle über deinen weiten und behutsamen Atem wie es in dir stärker und stärker wird, wie sich dieses Neue über dein Altes erhebt, wie der Phönix aus der Asche, der Schmetterling aus dem Kokon, hinein in sein neues Dasein geboren wird.

Sei so bereit, deinem wahren Wesen entsprechend, das Göttliche mit seinem neuen Erfüllenden in dein Leben zu lassen.
Das bedeutet aber gerade, in deinem konkreten Falle, bereit zu sein, dem Göttlichen bzw. deinen Seelenkräften in deinem Leben Raum zu geben. Das bedeutet zu räumen, Platz zu machen, Altes, nach wie vor vorhandenes zu eliminieren, es wegzugeben, es loszulassen.

Es gilt ganz einfach für dich, keinen einzigen Gedanken, mit seinen Empfindungseinstellungen, mehr daran zu verschwenden, was war und wie du dir einmal oder irgendwann einmal, oder vielleicht auch immer, als dein altes Leben vorgestellt hast oder wie du in der Lage gewesen bist, dir einmal dein Leben vorzustellen. Als Raupe in der Verwandlung zum Schmetterling hast du da auch keine andere Möglichkeit mehr!

Es gilt, deine Aufmerksamkeit nun, auf das vor dir liegende zu lenken, in mein Bild des zukünftigen Schmetterlings und dort dein Ziel zu sehen. Alles das steht vor deiner Bewusstseinstür!

Spüre und fühle es, dass du bereit geworden bist, deiner Göttlichkeit, in neuer Form zu begegnen.

Aber was bedeutet das „Gott zu begegnen?"

Das bedeutet, dass dein Leben genauso wie es ist und vor allem auch so wie es war, immer ein göttliches Leben war, ist und immer sein wird. Und du je „göttlicher" du wirst, sprich je bereiter du wirst, dein gewachsenes Bewusstsein, als Schmetterling anzunehmen bzw. ihr bewusst zu werden, desto mehr vom Göttlichen an sich, kann dir nur begegnen.

Was bedeutet es deine Göttlichkeit, als neue Schöpfung, anzunehmen, dich liebenswürdig dafür zu empfinden?

Ganz schlicht, auf der Ebene des Verstandes ausgedrückt, heißt das:

Deine Göttlichkeit bzw. „Gottes Liebe" anzunehmen bedeutet, dass du endlich kapierst, dass Gott und nur Gott auch in deinem Leben existiert und du somit im Grunde immer ein göttliches, ein vollkommenes Wesen bist. Das was dich noch davon trennt, ist vielmehr das noch nicht „Erkennen deiner neuen Ganzheit", die noch unbewusst schlummernd, von deiner Bewusstheit trennt!

Ja! - Hier wird von dir gesprochen, um jeden Zweifel auszuschließen. Es geht darum, dass du dich hineinführen lässt in deine Bewusstwerdung, was du bist und damit natürlich, was deine Aufgabe als Schmetterling ist. Denn, glaubst du wirklich oder könntest du meinen, dass du in deinem neuen Ausdruck als Schmetterling hier auf Erden keine Aufgabe hättest?

Doch! – Du stellst eine neue nährende Verbundenheit her! – Als Schmetterling ist es, deine Aufgabe, vielen Blumen und Sträuchern die Fortpflanzung zu ermöglichen, weil du der Träger einer verbindenden Bestäubung bist, wenn du deine Nahrung als „Nektar" aus ihnen saugst, bzw. diese sie dir dafür schenken.

Du trägst da maßgeblich zum Erhalt von „Allem, was ist" – der Schöpfung bei!

Jetzt erfasse endlich dafür deine neue Grundeinstellung:

In deinem Leben gibt es jetzt, in der neuen Zeitqualität der Transformation dafür, quasi nur das eine: „DICH"! - Du und nur mehr du und das „Du" sein, ist das göttliche Sein, so wie das Göttliche dich „gedacht" hat und sich in und durch dich erfahren will!

Du kannst es im Prinzip mehr und mehr erkennen, wenn du dich jetzt dem Geschehen hingibst, in Bezug auf deinen Körper und, besonders deine Befürchtungen im Herzen, beruhigend. Wenn du dich so in der Stille selbst vergisst, quasi rein, leer werdend, dann geschieht das Unfassbare:

„Diese Leere wird dann erfüllt von meinen Kräften. Dein bedürftiges Empfinden verschwindet im Raum. Dein Bewusstsein löst sich in erkennendes Schauen auf. Aufgewühlte Gefühle werden beruhigt und intuitives Schauen wird ermöglicht. Dein Verstand, Gefühl und meine Kräfte arbeiten dann harmonisch mehr und mehr im „Einklang". In jener Stille vereint, werde ich dann über und aus dir erstrahlen!

Scintilla! - Schaue dir mal genau das Gesagte, als Gleichnis, in Bezug auf deinen Lebensumfeld, an:

Die Bäume, auf denen ihr lebt und jede Pflanze können das sehr gut, da Erkenntnis ihr Denken – Handeln –Fühlen immer vernetzt!

Eine Pflanze die weiter wachsen und sich entfalten will, wächst bzw. treibt (Handeln!) einen Spross zur z.B. zunächst ausgesuchten Rechten durch das Denken.

Wenn dieser völlig gebildet ist bzw. auch schon während seines Bildens, so will der natürliche Drang des weiteren Wachstums nicht über die Endknospe hinaus weiter wachsen, weil ein Ungleichgewicht zur Linken (Fühlen) gespürt wird.

Sie blickt zurück in den Stamm bzw. fließt zurück in den Stamm, in die „Mutter" des Zweiges und bahnt sich im Bewusstsein fortschreitend, sich im Stiel fokussierend, auch über Unsicherheit in schwankenden täglichen Erfahrung, durch veränderliche Umwelteinflüsse, ihren Weg und findet in Ruhe und Stille, gerade die richtige Stelle zur Linken, als gefühlten Ausgleich und treibt dort einen neuen Spross hervor (Handeln!).

Diese neue Richtung des Wachstums ist aber der früheren oft ganz entgegengesetzt, aber doch dem ganzen Gleichgewicht dienlich. So wächst die Pflanze in dieser Weise gleichmäßig, ohne Überspannung und Störung des Gleichgewichtes, weil sie das notwendige Fließgleichgewicht erkennt, sonst bräche sie zur Seite weg! (*Krankheit - Katastrophe = Not!-wendigkeit zu Umkehr!*)

Das Ganze muss bzw. kann aber nur mit der Intuition geschehen, d.h. ins Innere Stammes blickend, muss sie gleichzeitig ihre Idee – ihre höchste Seelenversion, wie du wahrnehmen bzw. sich darauf besinnen (z.B. nicht Rose, sondern Rebe werden!) um in ihrem Wachstumsausdruck die Idee ihrer Einzigartigkeit zugrunde zu legen bzw. im Sinn zu haben, um ihr folgen zu können, sonst erkrankt sie oder zerstört sich selbst!

Das ist der Kontakt der Pflanze, mit ihrer Intuition, als ein Zustand aus einer wahrgenommen besinnlichen Mitte in der Stille. Nur so kann sie durch diesen inneren Halt ihr „göttliches Bildwerk", mit stärkstem Vertrauen wahrnehmend, in ihr Leben, für wesensgemäßes Wachstum und gesunde Entwicklung, hineinfließen lassen! Du wirkst so, ähnlich dem Tun, aus dem Bewusstsein! - Dieses Wirken ist etwas bewirken, aus deiner Einstellung, aus deinem Bewusstsein heraus, indem du immer mehr erkennst, dass eine innere Veränderung von Einstellungen, die Neugestaltung als Schmetterling, ohne schmerzhafte Geburtswehen, geschehen lässt. Dazu bedarf es so keines äußeren Tuns mehr - Es geschieht!

Das heißt, um Gott bzw. deine Seelenkräfte bzw. mich, für dich sich als „Coronis" darstellend, zu erkennen, musst du dich über ein neues, Bewusstsein in diese Einstellung begeben:

„Ich Bin" das neue Licht, die höchste Idee meiner Seele!
„Ich Bin" das Licht meiner bewussteren Göttlichkeit,

- in meiner, sich dann darstellenden Form eines Schmetterlings, als körperliche „Coronis", als sein greifbarer Traum!

Aber eines bist du nicht mehr: Eine Raupe in ihrer alten Wesensprägung, in ihrem nun überholten Erfahrungsverständnis!

Gestatte dir doch einen ganz kleinen Blick hinter die Kulissen, wie es mit den anderen, sich selbst vergewaltigenden Raupen weiter aussieht. Spürst du dabei die Sackgasse, die Blockade, auf den ihre Welt, aus ihrem „Raupe bleiben wollen, mit ihren maroden Großbaustellen, zurzeit mehr und mehr entgegensteuern?

Natürlich, es ist auch ihre bewusste oder unbewusste Wahl bis zum mehr oder minder freiwilligen Sterben, an ihren inneren Quetschverletzungen und Blutungen, die aber nicht im Sinne einer göttlichen Absicht, als Strafe oder Verdammnis zu sehen sind!

Wenn du dagegen dein inneres Schmetterlingsauge jetzt erhebst, wirst du es genau dort sehen, das eigentlich für dich vorgesehene Leben, mit den Möglichkeiten und Anlagen, die für dich vorgesehen sind und diese, durch deine große Kapazität des Vertrauens und Glauben an dich selbst, zufließen!

Darum lenke deine Aufmerksamkeit und all deine Bereitschaft auf seine Gegenwart, in deiner Transformation. Das geschieht eben ganz einfach über den weiten und behutsamen Vorgang deines Atmens in der Stille. So nimmst du immer Kontakt zu seiner Gegenwart auf. Denn, je mehr du bewusst atmest, desto mehr zieht es dich zur Verbindung mit deiner Schmetterlingsseele" bzw. mit der „Weltseele", in die du eingebettet bist.

Öffne dich dieser Gegenwart und gib dich einfach hin!

„Hingabe" heißt dabei vielmehr erst mal, sich über das ernsthafte Erforschen seines Inneren, mehr und mehr so bewusst zu werden, wie Gott dich gedacht hat und dazu musst du einiges loswerden, was da, als Raupenkokon, das Werden des Schmetterlings behindert.
Es bedeutet sich das begreiflich zu machen, was da über dich noch unbewusst an Einzigartigkeit in dir schlummert, um die höchste Version zu werden, die du bist als deine Seele, im Sinne von:

„Sehnsüchtig grüßt der „Ich bin", den, der ich sein soll. Ich bin jetzt eins mit dieser Kraft!"

Deine offene Bereitschaft ist dabei immer diese tragende Energie, ist das Vertrauen. Dann schlägst du eine Brücke, zu dem dir unvorstellbaren vor dir Liegenden in dir, dem du vertraust. Mit jedem Atemzug, der deinen Geist, die Seele, dein Gemüt und deinen Körper verbindet, erkennst du, dass du mehr und mehr in die Lage versetzt wirst, das nicht Erkennbare zu erkennen, zu spüren, zu fühlen.

Atme dieses Vertrauen und gehe hinein in diese energetische Empfindung, wie sich für dich, über den erlebbaren Vorgang deines Atmens „Vertrauen" anfühlt:

„Ich Bin" erfüllt von Vertrauen"!

Darin besteht die Grundvoraussetzung, auch deiner Heilung und damit für ein harmonisches Leben, das Alte loslassen könnend.

Öffne dich dem Klaren deines neuen Lebens, dem großen Licht aus deiner Mitte, deinem „Ich Bin" als Zeichen deines „Einverstanden seins" mit deiner Dreieinheit „Körper-Seele-Geist", dem „Heiligen Gral", als bewusster Schmetterling in dir, in der sich deine Intuition, dein Gefühl und dein Verstand, zu einem harmonischen neuen Dreiklang verbunden haben.

Es ist dann dein Sein im Licht der Bewusstheit, der Einheit allen Seins, das dein Leben sinnerfüllt in Fluss bringen wird!

Nur dein „Ja" zu deiner Vergangenheit, dein „Ja" zu all dem was war in deinem Leben, nur dieses „Ja" öffnet dir das Tor zu einer Zukunft, zu der auch deine Seele gerne „Ja" sagt.

„Trenne dich, löse dich, befreie dich?"

Entwickle dich durch deine Selbsterkenntnis vielmehr zu dem was du wirklich in deinem Selbst bist und arbeite an der Entsprechung des Inneren mit dem Äußeren und werde "Stolz auf dich"!

Der Sinn des Lebens besteht darin dich lebendig und sinnerfüllt zu erfahren und dich zur Entfaltung zu bringen -Du wirklich „Du SELBST", in deiner höchsten Version, werdend!

Erkenne nun die Botschaft des Himmels für dich, dass dich der Weg zu deinem Glück nur über die Harmonie in dir und das einverstanden sein mit deiner Situation finden lässt.

Es geht darum einverstanden zu sein, was in der Vergangenheit gewesen ist, mit dem, was sein wird und deine neue Zukunft und deine Erwartung, mit dem Willen des Großen Geistes zu verbinden. Du kannst nur deine Zukunft, die auf dich zukommen wird, neu gestalten lernen, wenn du deine erfahrene und gefühlte Vergangenheit auf den Nullpunkt bringst.
Dieses nun, in das Zentrum des Augenblicks hineingehen, ist das ‚A' und ‚O' - das Alpha und Omega, deine Chance, für Dich, um dieser, jetzt für dich angedeuteten Neugeburt, einen unbelasteten Raum, in deinem neuen Bewusstsein, zu gewähren.

Ziehe all deine Aufmerksamkeit auf dieses Kriterium deines gegenwärtigen Seins, in diesem Augenblick und fühle, dass dieser Augenblick der Punkt ist, dass Tor in deine neue Zeit, zu deinem ganz persönlichen Glück ist, und für das was zu dir kommen will, als das Unbekannte, dir Unvorstellbare mit neuer Lebenskraft.

Um das Unvorstellbare überhaupt annehmen, es durch Offenheit dafür aber aufnehmen zu können, bedarf es dich eben auf Null, auf den einen Augenblickspunkt deines Seins zu reduzieren. Fokussiere dich mit deiner Persönlichkeit und deinen Wünschen, auf diesen einen Punkt:

„Ich bin einverstanden mit dem Augenblick und alles geschieht jetzt in mir"!

Ich als deine Seelenfee Coronis bin da, als dein Angelos, als dein Engel, der Führer bzw. Brückenbauer für dich!

Fühle ganz tief in dein Herz hinein, und erkenne, das Du - Corona und Ich – Coronis! - das allein ausschlaggebende Kriterium für deine neue Zukunft sind:

Du und Gott, der allumfassende Geist, im Symbol und Bild von mir, als Einheit, in diesem Punkt, in der Nabe deines Lebensrades.

Ich deine Seele, quasi als Engel, bin nur der Führer, der dich zu dieser Einsicht führen will, dir all die Dinge so zu erklären, dass du sie verstehen kannst dass du sie absolut annehmen kannst, dass du wirklich bereit bist, als eine aus dir herauskommenden Erkenntnis und Einsicht zu erkennen, dass dies wirklich der einzige Weg ist.

Es ist der Weg durch das berühmte Nadelöhr, wo du alle Dinge und Einstellungen, Wünsche und Erwartungen entmaterialisieren musst, sie als Blockaden und Zwänge entkleiden musst, um die Essenz deines neuen Seins, als Schmetterling, hier durch diese scheinbare Enge, durch diese Angst in dir durchzubringen und aufleuchten zu lassen, hinein in die andere weitere Dimension, deines wirklich neuen Seins. Dafür bin ich für dich dein Pontifex – dein Brückenbauer. Es geht von nun an, in dieser neuen Energie, in deiner neuen, vor dir liegenden Zeit es dir so stark bewusst werden zu lassen, um aus dieser Bewusstwerdung heraus, zur Auferstehung deines Schmetterlingsbewusstseins zu gelangen.

Denn nur über diese Erkenntnis, dass du in dir tatsächlich die, für eine Raupe unvorstellbare Kraft und Kapazität und Qualität, für diese Schmetterlingsgeburt zulassen kannst.

Auf der einen Seite gilt es also dich als nicht mehr existent zu betrachten, dein altes Leben, mit deinen alten Vorstellungen, absterben zu lassen, um aus diesem totalen Loslassen, tatsächlich ein vollkommen neues Wesen aus dir heraus zu gestalten und zu gebären. Es ist die Schöpfungsgeschichte nun neu begonnen, als Schmetterlingswesen. Es ist eine Erleichterung vom Schweren des alten Lebens, weg von einer Chimäre, die gerade jetzt noch eine Existenz zw. Raupenkokon, Nymphe und Schmetterling leben möchte, bis sie doch recht schmerzhaft davon entbunden werden muss!

Was haben hier Sterben bzw. dein Tod als Raupe letztendlich gemeinsam:

Sie bauen eine Brücke in ein neues Leben. Es ist ein Loslassen deiner alten Form, mit ihrem beschränkten Bewusstsein, um endlich ein Schmetterling zu werden.

Sterben und Tod

Der Tod ist dabei im Prinzip ein energetischer sehr machtvoller Schöpfungsakt, die dein altes Formmuster der Körperlichkeit auflöst und sich in der Geburt transformiert und körperlich neu formiert. So sind Geburt und Tod eigentlich immer dasselbe Tor! das Loslassen der körperlichen Form die ja nur an Raum und -Zeit gebunden ist, um es wieder in irgendeine Form in eine neue körperliche Geburt ein zu bringen.

„Ja! – Was ist denn dann, wenn ich letztendlich als Schmetterling doch sterben muss"?

fragte Scintilla ängstlich!

„Liebe Scintilla", flüsterte Coronis zärtlich:

„Es gibt so vieles noch neu zu entdecken und besonders der Raum des Inneren ist das unermessliche immer schwangere Neuland, dem sich die meisten deiner Raupenbrüder und Schwestern verschlossen halten!

Nichts von dem, was du erfahren und erlebt hast ist jemals verloren, es bleibt auch nach dem endgültigen Verlassen der körperlichen Schmetterlingsform als ein "Geistmuster" erhalten.

Dein Tod als Schmetterling ist wieder die Verwandlung, die Himmelfahrt, die Entrückung zu den Sternen, in das große göttliche Geistgefäß, aus dem du einst hervorgingst und wieder auferstehen wirst. So wirst du die Erde verlassen, hingezogen in die unendliche Weite des Himmels, mit seinen Sternbildern, wo dir die Myriaden von anderen Seelenbildern entgegen blicken.

Es ist deine Verklärung in das ewige Licht, und du hörst mit mir „Eins seiend" dein Gebet:

„Großer Geist, du leuchtest in meiner Seele als Coronis. Wenn ich in dir ruhen darf, ist meine Wonne überreich. Du kleidest Dich mit meiner Seele, bist selber auch ihr nächstes Kleid. Dass dem ein Scheiden sollte sein, ist nicht mehr eine Herzenspein."

Dort in diesem Ozean des Lichtes ahnst du von dieser Warte aus, dass du immer ein Kind des Lichtes warst und sein wirst. Deine Körperlichkeit die du verlassen hattest, war nur ein Lichtfunke „Scintilla" in gefrorener Form, der im Tode der Körper-lichkeit wieder verdunstet, um seiner göttlichen Wirklichkeit folgend, sich freisetzt zum Himmel, als ein Stern in der Nacht.

Es war und ist immer eine Rückkehr in diesen Tanz verbundener Lichter, in die Glutenergie, die nur das Ewige, das keinen Anfang und kein Ende kennt und du weist tief in dir, dass dieses Sterben die Voraussetzung war, für die Vision der Wiedergeburt im Augenblick des Todes, einer Lebenserneuerung im Schoße des Großen Geistes, deine Verjüngung deines Geistes in neuer Form, Gestalt und Ausdruck. (Vgl. Ägyptisches Totenbuch)

So gesehen, ist der Tod tatsächlich ein machtvoller Schöpfungs-prozess, der letztendlich von der Schwere des Alten befreit. Was da du und viele deiner Raupenbrüder sicherlich nicht wissen, ist das Loslassen der körperlichen Form die ja nur an Raum und Zeit gebunden ist, keine große Sache für mich als Seele ist, wenn ein Lebenszweck erfüllt ist bzw. keine Entwicklungsmöglichkeit auf der aktuellen Lebensbühne mehr stattfinden kann.

Es ist ein neues Sein, ein „Neu werden, werden allerdings in einen neuen Körperlichkeit. Es ist ein Eingehen in dein Paradies. in dem alles unglaublich leichter und lichterfüllter betrachten und erfahren werden kann, als dein „Garten Eden".

Nun bist du, Corona bereit, alles hinzugeben, dich der Göttlichkeit, dem großen allumfassenden Geist, der dich dahin führen will, anzuvertrauen, indem du bereit bist, all das, was für dich wichtig und wert gewesen ist, loszulassen, nicht mehr in Schmerzen, nicht im Kampf eines, es dennoch festhalten wollend, sondern in Liebe!

Es wäre aber keine Liebe zu beten:

„O Großer Geist, befreie mich von meinen Fesseln, aber lass mein Gefängnis, so wie es ist!", sondern es gilt in die Liebe, als Akzeptanz eines erfüllenden Wachstumprozesses, quasi als Evolution, zu gehen, in der Einsicht, dass Gott dadurch dass du bereit bist, dein Raupendasein aufzugeben, dir dadurch dein erhebendes Schmetterlingsbewusstsein, als dein persönliches Wunder, erst schenken kann.

Ein Wunder ist eben die Antwort des Großen Geistes auf Ausweglosigkeiten und Zwickmühlen deines Lebens, in dem du die Übersicht verloren hast, und wenn du dann nicht mehr weiter weißt und du zum Loslassen deiner nicht mehr funktionierenden krampfhaften und begrenzten Vorstellungen über dein Leben gezwungen bist. Erst dann wird es ihm erst möglich, deine akzeptierte Leere in dir, durch Neues zu erfüllen!

Erst die Hingabe, unter Aufgabe des verkrampften Wollens mit seinen begrenzten Glaubensvorstellungen lässt diesen göttlichen Kräften Raum, sich als Wunder aus den unvorstellbaren Möglichkeiten, von oft ausweglosen oder kranken Lebenssituationen entfalten können. Jetzt musst du daher dafür selbst von dir zurücktreten und nur beobachten. Die Stille und Offenheit. für diese Akzeptanz, fördert dabei die Schwangerschaft und Geburt des Schmetterlings in dir.

Wenn du so diese grundsätzliche Bereitschaft aufbringst, wirklich wundervolle Dinge der Erfüllung, des Unvorstellbaren, in dein Leben einfließen zu lassen, dann geschehen sie einfach.

Lass dein Wunder geschehen, aber geschehen lassen, kannst du dies nur dann, wenn du die Begrenzungen deiner Vorstellungen bzw. „Nicht-Vorstellungen" bereit bist, loszulassen.

Es gilt, dich einfach nur im Vertrauen diesem Allumfassenden in dir zu öffnen. Dann wirst du wirklich zu einer Schale, zu einer, nach oben offenen, Mondsichel, die dann mit dem Licht seiner Weisheit, sprich Wunder, durch mich, als deine Göttinmutter in dein Leben einfließen und erfüllt werden können.

Es bedarf also die Aufgabe deines weiter „Raupe sein" wollens und deine grundsätzliche Bereitschaft es Gott für dich tun lassen. Erlaube dir also den Sprung in diese neue Dimension deines Glücks. Erlaube dir dadurch das Annehmen, der damit in Verbindung stehenden Freuden und Leichtigkeit und Glückseligkeit.

Für dieses braucht eine ganz wesentliche Voraussetzung, nämlich dein Selbstwertgefühl.

Ich, Coronis, bin dafür da, als deine „Hebamme", als deine Seelenflüsterin, die diesem Augenblick ganz persönlich für dich da ist, dir dieses neue Selbstwertgefühl zu bestätigen.

Sieh nun einmal, in dich hineinblickend, hinein in deine unendliche innere Weite und erkenne und erfühle dieses Licht.

Schau es dir an, erkenne die Unbegrenztheit des Lichtes in dir, das sich über dich, als Schmetterling, ausdrücken und erfahren will.

Dieses Licht, lässt dich jetzt fühlen, dass dieses Licht mehr ist als das Licht der Sonne, mehr als das Licht der Sterne. Es kommt in Wirklichkeit von „hinter der Sonne, von hinter den Sternen", aus der Unendlichkeit des Universums. Dieses Licht ist dein Licht, das Licht deines neuen Seins.

Sieh dich nun selbst wieder in heiliger Ehrfurcht vor dieses Licht treten, um den neuen Bund des Lebens mit mir, deinem Schmetterlingslicht, zu bejahen und zu würdigen.

Erblicke mich als Symbol des Lichtes an deiner Seite und höre die Stimme aus weiter Ferne, die zu dir spricht:

„Bist du gewillt, dieses neue Licht deines Lebens zu ehren und zu lieben in guten wie auch in schlechten Zeiten? So sprich: „Ja"!

Hier, Corona, erkennt dein Verstand, dass ein Teil dieser irdischen Formel fehlt, nämlich der Teil, der besagt, bis dass der „Tod euch scheidet". Und das war schon länger immer mehr dein Problem geworden.
Denn, als deine begrenzte Liebe zu deinem Leben und deinen Raupenpartnern und zu deiner Seele starb, als dein Vertrauen gestorben war, musstet ihr auseinander gehen. Es war ein Mangel an Vertrauen, das du hattest.

Aber jetzt in deinem ganz speziellen Falle, stehst du wieder vor dem Altar, gemeinsam mit mir, als dem Schmetterlingslicht – deine Seele und du bist bereit, es wirklich anzunehmen.

Spüre in dich hinein, und nun verstehst du, dass es hier keinen Tod gibt, der dich von dem Licht trennen kann. Es gibt hier kein Sterben, das diese! Liebesbeziehung jemals beenden wird. Diese Verbundenheit mit dem Licht des Großen Geistes, war von Anbeginn an da und wird immer so sein.
Dass du es eine kurze Zeit lang im irdischen Leben, in deiner Raupengestalt, nicht mehr erkannt hast, bedeutet nur, dass du Erfahrungen gesammelt hast, in der Dunkelheit deiner Bedürftigkeiten, die aber im Grunde nur Abenteuer auf deine Heldenreise zum Schmetterling gewesen sind.

Sieh diese Szene, fühle sie und erlebe sie ganz persönlich. Gestalte diese Zeremonie der Verbundenheit mit dem Licht mit den Worten, den Gedanken, den Formulierungen, mit den Bildern, die jetzt in diesem Augenblick in dir in Erscheinung treten.

Fühle die dich in diesem Augenblick verwandelnde Energie! Fühle, wie sehr du dich in tiefster Liebe, mit unendlicher Zärtlichkeit mit diesem Licht verbindest.

Glaube ganz einfach an dich: "Ich glaube, ich vertraue".

Sei dann offen und bereit, die Verwandlung zum Schmetterling in dir zu fühlen, wo das neue Gesetz nicht mehr Angst und Furcht, sondern Freude und Leichtigkeit sein wird. Es ist Energie der Freude, Glanz der Liebe, ein schillerndes Glück des Lebens in Abertausenden von Farben, Farbspielen und Farbkombinationen, sich dir immer wieder aufs Neue zeigend. So erlöst dich dein Licht aus diesen Zweifeln. Es befreit dich von deinen Fesseln, und das Licht führt dich dann in das Licht deines „So-Seins", wie das Licht ist, zu deinem Erkennen des Lichtseins in dir.

Fühle den Frieden deines neuen körperlichen Tempels, der dir einen Neuanfang durch den Schmetterlingskeim beschert hat und du erkennst:

„Du brauchst es dir nicht verdienen und kann es auch gar nicht verdienen und es aber dennoch erhältst, weil, du dich mehr und mehr in Verbundenheit mit mir, deiner Schmetterlingsseele, liebst. Liebe entsteht, wenn du dich so also wirklich für liebenswürdig fühlst"!

Atme ein und fühle, wie Göttlichkeit dich liebt, wie sehr du mit mir als deine Coronisseele in Verbindung stehst, wie wert du daher bist.

Lasse dabei deine Gedanken los, deine Vorstellungen dein Glaube etwas tun zu müssen gibt dich einfach hin und spüre dass deine Hingabe den Schritt dazu ist das Glück in dir zu finden und dass deine Hingabe dein Eingeständnis deiner Hilflosigkeit kein Faktor ist, den es zu befürchten gilt, sondern eine Einsicht zur Freude.
Denn erst dadurch, wenn du erlebt hast, dass aus deiner Hilflosigkeit, die du dir natürlich aus deinem Raupendasein eingestehst, nicht der Untergang kommt oder die Katastrophe, sondern zum ersten Mal, wirklich in deinem Leben, dieses unendlich schöne Gefühl des „Beschenkt werdens". Es ist das Gefühl, dass auf einmal alle Dinge angenehm und leicht werden, dein Leben einfach beginnt, lebenswert sich anzufühlen und das obwohl du dir eingestehst, hilflos zu sein.

Du siehst also, dass dein Leben keinesfalls von dir, und von deiner Kapazität abhängt, ob es unglücklich oder glücklich ist, sondern es primär oft nur von deiner Bereitschaft abhängt, es durch das Göttliche für dich gestalten zu lassen, wo du auch gesundest.

Warum willst du jemand, der es besser kann, als du, nicht diese Aufgabe übertragen. Du hast es lange genug versucht und immer wieder probiert, aus dem Bereich deiner Verantwortung, dein Glück selbst zu gestalten. Oft genug hast du versucht, als Raupe, Schmied deines Glücks zu sein, aber das einzige was du geschmiedet hast, aber das hast du im Nachhinein immer festgestellt, waren neue Fesseln, die dich schon in deiner Raupenfreiheit immer eingeschränkt haben.

In deinem kleinen Willen, ist aber nie das dir Unvorstellbare deines wirklichen Glücks bzw. Wohlergehens enthalten! – zumal du da als Raupe, gleichzeitig in paradoxer Weise, oft jegliche Veränderung befürchtend, dein Gefängnis nur schöner machen wolltest.

Aber über eine – man höre und staune „Demutsvolle Einstellung", sprich Hingabebereitschaft an das Leben in seinem „All"tag zu haben, erzeugt erst das, was du an Wohlbefinden brauchst. d.h. „De"-Mut – Deus, sprich Gott, mit Mut zu dienen, d.h. das Allumfassende es für dich bewirken zu lassen.
Damit bist du nun kein Opfer oder in Leibeigenschaft, in der Abhängigkeit eines begrenzten bedürftigen Raupenbruders, sondern du öffnest dich ja dem Allumfassenden in dir und was kann von einem unbegrenzten Allumfassenden als Opfer nur kommen:

„Unbegrenztes" sprich ‚Erfüllendes bzw. „Unvorstellbares"!

Scheitern kannst du eigentlich immer nur als die begrenzt denkende und fühlende Raupe. da sie das Heute und Morgen nur bedingt überblicken kann, vor allem aus dem begrenzten Blickwinkel des Verstandes, mit seinem begrenzten Wissen, Vorstellungen, bedürftigen Wünschen und gemachten Erfahrungen.

Alles Mögliche, mit deinem begrenzten Willen hast du getan, und versucht, die letzte Hoffnung wurde dir nun genommen, Vorstellungen bitter enttäuscht, von schmerzlicher Krankheit befallen.

Irgendwo bliebst du immer mit deiner Begrenztheit und Werturteilen mit bedürftigen Entscheidungen ein „Opfer"!

Aber die Allgegenwart des Göttlichen umgibt dich doch an sich immer, da nichts außerhalb dieser existieren kann!

Gott umgibt dich, ist in dir! - Dieses unbegrenzte „Meer" mit der Erfüllung deiner wirklichen Wünsche ist in dir.

So war auch seine Liebe immer bei dir, da Du ein Ausdruck von Ihm bist - dass Du selbst es bist, das du die ganze Zeit suchtest.
Mit deinem begrenzten "Ich will" bleibst du immer ein Wassertropfen, der das "Mehr" aus Bedürftigkeiten sucht, anstatt das „Meer"– das Göttliche, das weite Unbegrenzte, in sich zu erfassen!

Da kannst du nie scheitern, je bewusster du es in dir fühlen und zulassen kannst!

Das "Meer", das Unbegrenzte, kannst du aber nur finden, wenn du erkennst:

"Dein Wille sei meiner" oder:

„Ich lasse Seine Realität durch mich fließen und gestalte sie!"

Nun erkenne die von dir gestalteten Fesseln über dein Wollen, über dein Gefühl und deinen Glauben über deine alleinige Verantwortung für dein Leben.

Jetzt probiere es aus dein Leben und dein Schicksal in die Hände Gottes zu legen. Dann legst du dein Leben in die Hände Gottes. So kann daraus nur das werden, das erblühen, woraus diese Hände bestehen.

Gottes Hände sind nun einmal Hände der Liebe, Hände der Freude, als zärtliche Hände, die dich beschützen und behüten, Hände dich liebevoll führen wollen.

Legst du jetzt dieses neue Leben in Gottes Hand, wirst du mit jedem Tag mehr und mehr deutlicher erleben können, wie schön es wird, dieses aus Gottes Hand kommende neue Leben zu führen, in diesem Leben auf der Erde eingebunden zu sein!

Atme diese Freude, atme dieses Glück ein fühle dich ganz tief in die Zärtlichkeit der Hand Gottes - sein dich für dich da sein und fühle dass das nun der Beginn eines neuen ungeahnten Lebens für dich ist. Sei offen, was da in dir geschieht.

Mehr und mehr siehst du die Welt nun anders, siehst sie in einem neuen Licht, spürst eine neue lebendige Energie, siehst neue Freuden, neue Farben und ungeahnte Dinge entstehen, aus dienem, jetzt anders geworden sein.

Wenn du aus dieser Perspektive dann dein altes Leben, welches hinter dir liegt betrachtest, so erkennst du ganz deutlich, dass dieses Leben eigentlich nicht mehr lebenswert war. Ja! -Es war nicht schlecht sondern absolut lehrreich.

Es hatte nur den kleinen Nachteil, wenn man es so betrachtet, das es oft schmerzhaft gewesen ist, oft leidvoll und dass du nun das Gefühl hast, aus diesen Fesseln deines Leides, dich endgültig befreit zu haben. Denn im neuen Licht einer neuen Zeit gibt es kein Leid. In dieser neuen Zeit gibt es nur Einsicht in Liebe - Einsicht in Freude - Einsicht in dein Glück.

Gerade genau darum geht es nun ganz konkret bei dir, von nun an, dass du dich bedingungslos auf dieses Glück ausrichtest, mit jeder Zelle deines neuen entstandenen Schmetterlingskörpers.

Dieses Glück soll dich von nun an durch dein Leben tragen, so beschwingt, wie ein Walzer in deinem Herzen.

Alles wird sich so leicht und sanft in deinem Leben darstellen und die Freude deines Herzens, trägt dich von nun an, von Baum zu Baum, von Blume zu Blume, von Glück zu Glück!

Scintilla! - Du bist neu geworden, am anderen Ende des Nadelöhrs, dort, wo du als Coronis in das buntschillernde Licht deines neuen Lebens eingetreten bist, um eins zu sein, mit dem was ich als Coronis schon bin!

Dein begrenzter Verstand hat da keine Ahnung, was das sein könnte, über das was ist, aber irgendetwas ist da und es fühlt sich gut und wunderbar an. Natürlich wagst du nicht daran zu glauben, es könnte ja ein Irrtum sein. Natürlich zweifelst du ein wenig, obwohl du nicht zweifeln möchtest. Aber dennoch ist es da - und es bleibt, es war keine Fata Morgana.
Es ist das Leben, das Leben als Licht, als ein erfahrenes „ Neues Wesen, und das ist das, was am anderen Ende des Tunnels, wartet:

Du gehst in dein neues Paradies, den Garten Eden, in die neue Unbeschwertheit eines „Schmetterlingseins". Du bist jetzt in dem Land, in dem „Nektar und Honig" im Überfluss fließen".

„Es beginnt dich zu leben "- und siehe:

Du bist es jetzt, das Göttliche, das das als Schmetterling sich ausdrücken und erfahren möchte. Du atmest es, du fühlst es und du bist es, dieses neue Unbekannte, Unvorstellbare"!

Fühle über deinen weiten und behutsamen Atem, wie es in dir stärker und stärker wird, wie sich dieses Neue über dein Altes aus der Asche deiner Vergangenheit erhebt, als der farbig leuchtende Schmetterling aus dem grauen Raupenkokon.

Fühle es: „Ich bin das Licht, die Kraft und diese Leichtigkeit"

Siehe Gott und nur Gott im Lichte deines Schmetterlingslebens als Codewort:

„Großer Geist, der du bist, großes Licht.
Siehe und erblicke mein kleines Sein,
Lass mich groß sein, groß werden, so wie du es bist,
auf das auch ich in der Lage bin, dich zu erkennen,
Großer Geist, großes Licht!
Erhöre mich, Erfühle mich, Erfasse mich.
Aus dir bin ich gekommen, aus deinem Sein entstanden"
So spricht der große Geist, das große Licht:
„Aus meinem Sein, bist du mein Sein, mein Bild.
Geheimnis deines bewussten Atems, Brücke zu mir.

Jetzt stell dir noch einmal vor, dass ein buntschillerndes Licht von deinem Herzen kommt. Dieses Licht wird immer stärker und stärker, bis dein ganzer Körper davon durchflossen ist. Lass dich von diesem Licht umarmen, streicheln, unterstützen. Erlaube dir selbst, dich zu lieben. Denke oft daran, was für ein wunderschöner schillernder Schmetterling du jetzt bist.

Fühle es, atme dieses Bild nun ein:

> „Ich bin einzigartig und vom Leben erwünscht!
> Ich bin liebenswürdig! - Ich bin ein Gedanke seiner Liebe!"

Stell dir vor, wie das Leben aussehen kann und sieh dich selbst in deinem Leben, wie offen, wie stark und schön du bist. Du hast da keine Präferenz, keine Eminenz als Raupe mehr. Du bist emotional wertend nicht mehr da und die Stürme von Krankheiten werden über dich hinweg ziehen. Es ist nicht mehr für dich! Es gehört den anderen, die solches gewählt haben, um noch eine Zeit mit diesem Programm, in der alten Situation, als Zombies oder Vampire zu vegetieren oder zu sterben.

Dein ist der Himmel, das Paradies, der Garten Eden. Deine Kraft, deine Stärke, lässt all das vor deinem geistigen Auge erstehen.
Was dein geistiges Auge dann sieht, was es erblickt, ist dein Leben.
Es ist ein Anfang, der ein neuer Anfang ist. Es wird sein eine Welt der Klarheit.

Es ist eine Welt, in der du weit, als Schmetterling siehst. Sei willkommen, der du eingetreten bist, in den Kreis derer, die zu ihrem „Schmetterlingslicht" gefunden haben!

Was ist mit der anderen Welt? - Wo ist dein Focus?

Eben, es geht dich nichts emotional mehr an, es ist nicht mehr deines oder umgangssprachlich formuliert, sei nicht neidisch. Das ist ein anderes Programm. Sieh auch nicht hinter den Vorhang. Du könntest erschrecken.

Aber sei dir gewiss, es ist auch „gottvoll". Es ist seine Liebe, seine Gegenwart. Nur, es könnte dich erschrecken und es geschieht hier nichts, gegen den Willen des Einzelnen.

Du hast dein Leben, dein Licht, deine Liebe. Die anderen haben ihr Licht oder ihre Dunkelheit, ihr Leben, ihre Liebe oder ihren Schrecken, so wie sie es eben für sich erwählt haben.

Bessere Welt nach Corona? – Es ist die Entscheidung jedes Einzelnen im großen Lebensnetz des Geistes!

Breite du deine Flügel aus, als Bote seines Lichtes, seiner Liebe, in deinem Leben. Segne es mit der Kraft dieses Bewusstseins, segne es durch dein neues ‚So-Sein'!"

Es ist eine „wunder"-volle Wiederverzauberung deiner Welt, eine Heimkehr in dein Paradies auf Erden. Dieser innere Seelenfriede ist das „Daheimsein" in dir, wo du gerade stehst und fliegst. Da ist kein Kampf mehr. Wahre Freude hast du dann im Herzen gefunden, und es brennt darin ein wärmendes Feuer, auch wenn es in den äußeren Lebenssituationen noch so „stürmt". Es ist ein Lebensgefühl: „Ich Bin" im inneren Frieden."

Dieser innere Seelenfriede ist das „Daheimsein" in dir, wo du gerade gehst und stehst. Da ist kein Kampf und nie mehr wirst du auf der Flucht sein, vor irgendetwas.

Da ist keine Bedürftigkeit im Sinne von etwas „Brauchen, abhängig sein müssen" mehr vorhanden!

Nie mehr wirst du auf der Flucht sein vor irgendetwas. Da ist keine Bedürftigkeit im Sinne von etwas „Brauchen, abhängig sein, an andere denken zu müssen" mehr vorhanden!

Dieses Bild ihrer Schmetterlingsseele, mit ihrer Botschaft, berührte Scintilla sehr und sie beschloss, sich mit ihrem ganzen Gefühl, auf das Bild dieser neuen flatternde Schmetterlingsenergie einzulassen und mit ihr zu verschmelzen.

Sie überkam ein Gefühl von außerordentlicher Ruhe und war von einer unbeschreiblichen Freude erfüllt. Es war nur Freude, eine friedvolle, besänftigende Freude. Es war eine Weichheit. Es fühlte sich an, als ob sich ihr ganzer Körper in leichten Flaum verwandelt hätte.

Es war, als ob jegliche Angst oder Spannung, Verzweiflung und jegliche Negativität aus ihrem neuen Körper gewichen wäre. Es war einfach passiert. Und dann plötzlich aus dieser Weichheit heraus, ein unbegreifliches Gefühl von Eins-Sein", mit und als Coronis, als gestaltgewordener, fühlbarer Schmetterling.

Jetzt hörte sie aus dem Hintergrund ihres Bewusstseins nocheinmal Corona, jetzt versöhnlich flüstern:

„Coronis"- Was hat dich jetzt letztendlich gesunden lassen?

Die Antwort lag in deinem ganz persönlichen Bewusstsein, denn der Körper ist lediglich der Übersetzer, das Instrument der Absichten und Themen deiner Seele in die Gegensätzlichkeiten des Lebens!

Deine Seele hat sich in einer körperlichen Form manifestiert, um hier auf Erden, vielschichtige Erfahrungen in dieser körperlichen Form zu sammeln. Ihr geht es nicht darum, was du tust, sondern mit welcher Einstellung bzw. blockierender Prägung du deine Handlungen versiehst, gleich was Du gerade auch machst.

Ist es Dir (noch) nicht möglich, ihre Signale und Botschaften zu verstehen, dann bleibt ihr nichts anderes übrig, als sich über den Körper mitzuteilen, eben auch durch Krankheiten, Schicksalsschläge, Krisen, und andere Probleme, sprich Herausforderungen, die eine notwendige Umkehr, übersetzt „Katastrophe", erfordern.

Die Lösung für eine Gesundung lag darin, die Botschaften deiner Seele, notfalls aber auch durch deine „enemy mines" heraus zu finden. Nachdem es dir möglich war, die Botschaft und die Impulse deiner Seelenflüsterin, und auch von mir, als Corona zu verstehen, erst dann konntest du auch deine Heilung auf körperlicher Ebene erfahren!

Wenn Du z.B. Deinen Körper mit einer Blume vergleichst, dann wird die Blume trotz des Düngers, den guten Nährstoffen, der besonderen Züchtung, dem fruchtbaren Boden nicht gedeihen, wenn sie kein Wasser bekommt. Das verbindende „Wasser" für deinen Körper sind die seelischen Kräfte aus deinem Bewusstsein. Die Lösung für ein gesundes Leben liegt in der Aktivierung, eben dieser Verbindung, zwischen deinem Körper, Geist und Seele. Dann bin ich und war auch für dich, Coronis, als „Corona" - das „Dunkle Auge Gottes", überflüssig!"

Es war ein wunderbares heilsames Erlebnis für Coronis, das ihr wieder Kraft, Mut und Selbstwertgefühl schenkte. Dann wachte sie auf, sah an sich herunter und welche wunderbare Verwandlung, als körperliche Schmetterlingsfee selbst, war geschehen.

Stärker und stärker bewegen sich die Flügel und wagen nun den Sprung aus dem „Gebunden sein" an die grobe Erde, an das bisherige Raupendasein, hinein in das Sonnenlicht.

Nun spüre das Gefühl des Schmetterlings in Dir:

„Halleluliah"- Es geht, ich fliege wirklich!"

Corona war jetzt zu diesem Schmetterling Coronis ihres Traumes geworden. Sie breitete ihre Flügel aus und flog hoch hinauf zu den großen Blättern, um sich zu laben, vorbei an den kämpfenden Brüdern, die offensichtlich die Botschaft des großen Lebensgeistes noch nicht hören wollten und sich im Kampfe, Krankheit und im manifest gewordenen Giftschleim von Corona aufrieben.

Es war so unendlich leicht geworden und als Schmetterling sah sie die weiten Horizonte, mit vielen Bäumen und Blumen, die sie einluden, sich an ihrem Nektar zu laben. Es war genug da auch für alle anderen, ohne Hass, Neid, Habsucht oder andere Bedürftigkeiten. Alles war ein Geben und Nehmen - Nahrung gegen Bestäubung. Alles war miteinander verwoben und im Gleichgewicht.

Als einzigartiges Geschöpf war es ein Vergnügen, Nektar aus den Blüten zu saugen, so wie auch es den Pflanzen eine Freude war, diesen reichlich zu geben, weil sie die Entlohnung, im Sinne einer notwendigen Bestäubung, für ihren Nachwuchs bekamen.

Für beide, war es eine gegenseitige bereichernde Quelle, einer sich gegenseitig bestätigenden Existenzberechtigung im Sinne des erkannten Grundsatzes:

> „Mache dich so reich, dass du anderen helfen kannst!
> Lebe und wachse und diene so dem Leben
> und deiner göttlichen Wahrheit in dir
> und dem Wachsen der Anderen"!

Immer entspannter und weiter bewegte Coronis ihre Flügel und in Harmonie mit sich selbst, ihren wunderbaren Lebensraum genießend und das neue Leben mit ihren Brüdern unbeschwert teilen zu können. Immer intensiver begann sie ihr neues Leben, in diesem neuen Bewusstsein, zu zelebrieren.

Dabei registrierst auch du vielleicht, als Leser, als Mensch, mit einem gewachsenen Bewusstsein, die vielfältigen Möglichkeiten, die sich daraus ent-'falten', aus der Fülle ernährt zu werden und wieder und höher zu fliegen, zu neuen Erfahrungshorizonten und Abenteuern.

> „Ich bin in dir die Kraft und das Licht der Neuwerdung",
> als wundervoller und einzigartiger Schmetterling!
> „Coronis" –Sonnenkranz sei jetzt auch dein Name ,
> in deiner neuen schillernden Einzigartigkeit,
> als Ausdruck meines Seelenbildes –
> denn nicht umsonst bedeutet das Wort „Seele:
> ,Saiwalos' – Die Buntschillernde"!

So sprach der Weltengeist, über seine Schmetterlingsseele, zu „Coronis" und zu dir, als Mensch!

Axel Englert, geboren 1956 in Aschaffenburg

Studium von Pädagogik mit Schwerpunkt „Erwachsenenbildung und „Pädagogische Psychologie" und nachfolgender Managementtätigkeit in Industrie und Bildungswesen. Seit 1994 - Selbständige Tätigkeit als Trainer für Supervision, Sinn- und Konfliktmanagement, Ziel- und Teamfindungsseminare, Mentaltraining, sowie Persönlichkeitstrainings und Buchautor. (Vgl. www.mental-x.de) auf der Basis der „Archetypischen" Psychologie von C.G. Jung.

In seiner „Ganzheitlichen Psychologischen Praxis" begleitet der Autor neben Firmenberatungen seit mehr als 25 Jahren Menschen in Lebens- und Beziehungskrisen, in privater- und beruflicher Neuorientierung und ihrer eigenen Persönlichkeitsentwicklung.

Unterstützt wird diese Praxis, als Heilpraktiker für Psychotherapie, durch selbst entwickelte systemische Aufstellungsberatungen, sowie die effektive Arbeit mit modernen Imaginationsverfahren und ergänzenden eigenentwickelten „Wertimaginationstherapien".

Mit seinen Büchern möchte der Autor auf die heilende und lebensverändernde Kraft von inneren Bildkräfte und Symboliken hinweisen, die erst einmal freigesetzt, große psychische „wunder"-volle Energien in, zu verändernde oder transformierende, Lebenssituationen fließen lassen können.

Dadurch kann auch wieder ein Zugang zu dem gewonnen werden, was „Religio" (Rückbindung im Sinne des „Erkenne dich selbst!" und sinnhaftes Leben bedeutet, und dass diese seelischen Themen sehr praktisch und in nachvollziehbarer Weise das persönliche Leben begleiten und verändern können.

Auf diese Weise können Schwierigkeiten in der eigenen Psyche und damit in der Lebensführung überwunden werden, Heilung und Erweiterung der Persönlichkeit werden leichter möglich.

Das Ziel bleibt in jedem Fall dasselbe:

Den Kontakt mit der Seele, mit ihren Antriebskräften herzustellen und die unendlich weise Führung kennenzulernen, die in jedem von uns lebt, die aber so wenige in die Realität umsetzen können.

Weitere zielführende Bücher des Autors zum Thema:

www.bod.de – Buchshop

bzw:

https://www.bod.de/buchshop/catalogsearch/result/?q=axel+englert